화엄사에 가고 싶다

이재호 지음 · 김태식 사진

작가의 말

“화엄사에 가고 싶다” 이런 제목을 달아놓고 보니 시를 읽는 분들이 불교를 믿는 독자로 한정되는 게 아닐까 하는 우려가 있다. 하지만 실상 나의 모든 글은, 시는 절간에서 순간 포착하듯이 써 내린 게 대부분이다. 구례 화엄사뿐 아니라, 공주 마곡사, 고창 선운사, 남양주 봉선사, 보성 유신리 일월사, 남한산 성불사, 청도 대비사, 마하사……, 등등. 문화재 답사 및 조사 때문에 전국의 모든 사찰을 순례하다시피 했다. 그러니 나의 시는 절간에서 잠시 잠깐 사진을 찍듯이 써 내린 글이다. 누군가는 깊이가 없다고 탓하겠지만 시는 수정하고 또 수정하면 처음 맛이 떨어지니 차라리 과감해지는 편이 낫지 않을까 싶다.

시는 떡을 빚는 것이 아니다. 조각가가 편조각을 맞추는 과정도 아니고, 그냥 하늘과 햇살과 바람을 느낌에 맞게 소리 내는 것 그것이 진정성을 갖춘 시의 반짝임일 것이다.

독자를 속일 수도 없고, 더군다나 연합뉴스 김태식 기자가 절간을 비롯한 문화재를 포착하여 피사해낸 사진들이라, 그 아름다움을 시집에 깔아놓았으니 나의 모든 시는 화엄사를 비롯한 절간이 그 배경이 되는 게 맞다. 누군가에 특별하게 인정받으려 쓴 글도 아니고, 문학적으로 어떤 평가를 받기 위한 시험지가 되는 것도 싫었다.

한적한 대웅전 아래에서 마당으로 시냇물 흐르듯 떨어지는 햇살을 바라보면서 한편 시를 짓기도 했고, 노스님 방에서 차 한 잔 마시면서 열린 문틈으로 들려오는 바람의 하모니를 느끼면서 글 한줄 짓기도 했다. 그런 글을 더하지도 않고 빼지도 않고, 알몸인 채로 내놓는 것이 다소 부끄럽기는 하지만 어쩌랴, 이 또한 시 한편의 매력인 것을…….

요즘 절간이 그 맛을 잃어가고 있지만 내 유년의 절간은 한적하고, 소담스러우며, 더군다나 깊고도 아름다운 쉼이었다. 내 유년이 느꼈던 진정한 쉼이 글 속에 가득했으면 하는 마음으로 이 글을 모든 독자에게 던져놓는다. 밤하늘의 별이 될지 돌멩이가 될지는 독자들의 몫이다.

2017년 12월 은둔의 서재에서

chapter

1. 절간 그리고 쉼표를 이야기하다

화엄사 홍매화

겨울이 옷고름 풀고 살색 햇살 늘어놓으면
밤새 잠든 별의 새순을 털면서 피어나는
화엄사 홍매화를 보러 가겠네

삼월 젖동냥에 지친 바람을 잠재우고 피어나는 홍매화
아, 성삼재로부터 뺏골 시린 엄동(嚴冬)을 지켜낸 홍매화
원통전에 글 한줄 놓고, 그 향기에 취해 천년을 살아지려나
아, 탄(感歎)하고 탄해서 무릎 헤지도록 달려온 바람과 함께
나는 삼월이면 어김없이 화엄사 홍매화를 보러 가겠네

화엄사 1

지리산 화엄사, 장륙전(丈六尊像) 동편
양지를 따라 흐드러진 가을이 산허리에 잠겨서 칭얼거리네

긴 그림자 외토라진 쌍사자탑으로 눈간데 없는 노을이 붉어져
눈물 뚝뚝 흘리고
이 가을은 한(恨) 소리로 칭얼거리네

아, 산사(山寺)엔 겨울 채비라
선도(善導)를 잃어가는 가을 채광이라
그 끝닿은 곳 없는 내전 뒤편 산로로 노승의 굽은 지팡이처럼
구불구불 가을이 울며가네

아, 삶이라

차향 은은하게 스며든 독경소리는
이 세세(世世)의 겨울맞이처럼
화엄사 전각 위로 찬바람 되어 칼끝을 겨누고

아, 차 한잔 벗하랴
내원(內院)의 낙엽 떨어지는 소리는 달빛에
사르르 옷 벗어 놓고 달아나는데
바람은 무엇을 잡으려 하나
손 뻗어 세월 잡으려 헛손질만 연발하네

雲鼓閣

화엄사 2

가을이 오면 지리산 밑 화엄동천(華嚴洞天)으로 가리라
동천아래 숨어있는 손 넓은 낙엽 한장 슬그머니 기어나와
햇살 등에 태우고 한없이 흘러가는 모양에
봄부터 노랗게 익어온 삶의 회한도 같이 흘려 보내리라

가을이 오면 화엄사로 가리라
화엄원(華嚴院) 토방아래 느릿한 늙은 햇살 붙들고
절벽에서 떨어지는 겸손하기 그지없는 감빛 석양을 바라보리라

뜨거웠던 날은 다시 뜨거워질 하루의 이야기
여름을 보냈던 한그루의 나무에 가을이 오면
앙상한 그늘길 따라 한걸음 숲으로 걸어 화엄사로 가리라

가을이 오면 목소리 굵어진 달빛의 노래 더듬어 지리산으로 가리라

아, 화엄사

천지를 때리는 종소리로 온 산이 들썩이는 시간을 택해서
가을이야기 가득한 화엄사 뒷방에 팔베고 누워
청아한 별빛 되기를 글한자 적어놓고 기도하리라

화엄사 3

노고단을 비추는 저 달빛
잡아다 앉혀놓고 차 한잔 하려 하니
각황전 후벽에 글 한줄 새겨놓고
산새 한마리 울어대네

살얼음 깊어진 향초에
바람 한점이던가
산중 별빛은 은하수 깔아놓고
차향은 내원의 법구경이네

화엄사 4

눈 오는 날, 화엄사를 걸어가라
발자국 토닥여 새 한마리처럼 가볍게 걸어가라
등 푸른 솔이끼에 맺힌 바람을 뭉쳐
금강문에 맞서고 서있는 노을 속 어안(魚眼)이 되리니

아, 한순간도 불꽃이기를 거절하지 말고
법고의 장엄한 울림에 산중 온몸 떨어대는
발자국 되어 화엄사를 무겁게 걸어가라

눈 오는 날 화엄사 원통전 앞을 걸어가라
홍매화 몸 털고 일어서는 봄날을 기약하듯
두눈 조아리고 하늘의, 그 하늘 끝의 발자국 되리니
아, 경내 뜨겁게 울어대는 독경소리에
한생 다 살았다 대못을 치는 눈송이 되리라

화엄사에서

다 지고 말 꽃이거늘
검버섯 얼굴에 걸리면 다 소회하고 말 것을
아, 참답게 살았는지 궁금해지면
스스로 마주하고 술 한잔 따르리라

하늘의 구름인 양 맑게 개어 흐르더냐
창가에 놓아둔 바람이더냐
다 갚아주고 속살만 남겨 더듬어 보아도
배냇내나는 빈 몸이라면 본전이다

뫼에 지는 노을, 당랑거철이라, 삶은 고단하게 흐르는 것
첫눈 뜨고 보이는 대로의 내 것이라
아, 안고 놀다보니 한평생 그대여라

달 밝은 밤 서운함에 깃한 정 마무리하고
보따리 챙겨들어 구름 속으로 찾아가려는데
심드렁 찻잔은 달에 둥둥 뜨고
샛강은 토란대 물고 토라져 한없이 슬퍼지는구나

화엄사 골방에서

화엄사 골방에 누워 이생각 저생각 잠 못 이루는데
문풍지를 넘나든 달빛이 다가와 내 옆자리에 누워 옷을 벗었네

붉은 달빛 내몸 물들여 망측한 생각이 꼬리를 물고
야경은 손뻗어 나를 만지고 살갗 곳곳에 입술 자국 찍어놓았네

처마밑 고요를 흔드는 풍경소리, 숨소리 적시며 내마음 쓸어가고
허망한 생각 끝없이 이어지는데
아, 가을 달빛은 어느새 코를 골고 있네

마곡사 1

첫서리 문이 열리는 마곡사 천왕문 앞에 서서
창공을 때리듯 들려오는 천년의 향기를 듣겠네

몸을 감은 듯 달려오는 바람의 젖가슴을 노래하고
벗어놓은 겨울의 눈인사를 향해 시 한수 지어놓고

아, 대웅전
둘로 나누어놓은 법구(法句)의 그릇되어
창창(蒼 蒼)한 나무에 매달린
겨울하늘의 구름이나 되려네

禪院

마곡사 2

마곡사에 가면 원경스님을 뵈올 수 있다
느릿한 걸음
동그랗게 치뜬 눈
마치 무언가 신기한 사물에 놀란 듯 눈이 맑고 순수한 분이다

꽃 몇송이와 견줄 수 없는
때로는 극락교 다리아래 작은 물고기들이 흩어지듯
입가의 미소가 아름다운 분이다

넋두리하듯이 말씀하시는 것도 다정스럽고
가끔 주지채 앞 투정부리는 몇그루가 흔들리면
나무를 올려다보는 모습도 정겹다

땀을 흘리는 모습도 아이 같고
걸음걸이도 와신불 그 자체처럼 묵직해서
따르는 햇살도 조용한 것이 수행자 같다

아, 정겹다, 못해 때로는 낯선 모습의 이 원경스님은
종루에 앉아서 오가는 사람들을 향해 늘 손짓한다
어이, 이리 와!

모두가 들었을 수도 있고
때로는 허공이 들었을 수도 있는데
정해서 누군가 부르는 것으로 돌아다볼 수 있는 원경스님
흰눈 위의 발자국이 누구것인지 알 수 있는
이 원경스님이 나는 참 좋다

어느 날
애장품 하나 달라고 졸랐더니
본인을 가지고 가시란다
정말 진심인지 가져갈 수 있었으면 그 없이 좋으련만
아니 그 미소만이라도 가져왔으면 싶은데
가끔 그 미소를 떠올리면 이렇게 글을 한줄 남기는 순간에
피식 미소가 지어진다

그래서 나는 가끔 마곡사에 가고 싶어진다

미황사

달마산 자락에 눈썹을 그려 놓은 듯, 한 폭의 그림 한점 걸려있다

손질 안한 바위 틈새로 긴 허벅지 드러내놓고
박박 씻어 던져놓은 구름을 등에 지고
아, 묻고 또 물어도 웃음뿐인 미황사

침묵의 선계(仙界), 달마산 자락 사람좋은 절간 미황사
가을이면 가을로 빚어 내놓은 쓸쓸함
겨울이면 겨울로 입술 호호 불며 걸어가고픈 외로움
봄이면 금강스님 닮은 꽃들이 움을 트는 절간

사랑을 하려면 이 미황사로 오라

뉘라 탓할 리 없고, 울던 웃던 제 마음대로 그림 그리고 싶은 절간
사랑을 하려면 이 미황사로 오라

금강스님

저 해남 송지 달마산 자락 미황사에 스님 한분이 계시는데

꽃이라 꽃같고, 풀이라 풀같아서
문득 스님 생각하면 가을하늘 구름을 손에 쥔 듯
입술 동그랗게 미소가 머금어진다
때로는 절간에 있는 것 같고, 없는 것도 같아서
딱히 찾아볼 생각도 없이 대웅전 주변을 서성이다가
남들은 모두 한가로운데 혼자서만 무언가 분주한 이 금강스님을
먼발치로 뵙곤 했었다
글 한줄로 딱히 스님! 이렇게 정중하게 불러본 바도 없고
또 정중히 부르면 안 될것 같은 분인 것도 같고
어쨌든 미황사 하면 현공스님과 더불어 이 금강스님이 떠오르곤 한다

그리 벗할 시간도 없거니와 어떤 인연인지 그려지지 않는
아니 정확히 그려지기도 하는 인연이다
강진 다산초당 밑에 잠시 유숙할 때
해남 학동 김봉호 선생과 대흥사로 해서 미황사까지 잦은 유랑을 했었다
주로 현공스님을 뵈러 가곤 했었는데
그때 분명 금강스님도 절간 어딘가에서 뵌 듯한데
아둔한 머리로 정확한 기억은 없고
그저 풍경의 한부분으로만 지시되곤 하니 묘하다

현공스님과 김봉호 선생은 부도전 뒤채에서 차를 마셨는데
그 옆자리에 어색한 어울림이었던 탓에 나는 주로 마당을 거닐곤 했다
지금이야 제법 번듯해졌지만
그 당시만해도 전각이 그리 많지 않았던 탓에
마당만 기억에 유난히 남는다
그리고 마당 한쪽에 건설용 장비가 멈추어서 있거나
움직이고 있었는데
그 안에 파란 머리의 금강스님이 앉아있곤 했던 것을 기억한다

쑥스러웠던 탓인가? 눈인사만 겨우 건네거나
간혹 그것마저도 생략한 채
달마산의 그 신묘한 바위에 주저앉은 흰구름만 바라보는 것으로
인사 아닌 인사를 나눴으니
금강스님이나 나나 사람 벗하기는 그른 모양이다

어쨌든 그렇게 세월이 흘러 김봉호 선생이 작고하시고
나도 삶에 정신을 팔고있는 사이에
가끔 금강스님이 산문집을 냈다거나 그의 글을 접하곤 했을 때
그 파릇한 글 속에서 봄도 느끼고, 가을도 느끼고
때로는 겨울도 느끼면서
내 마음의 인연은 유지되어 왔다

오늘 같이 가을빛이 뼛속에 절절대는 우중충한 날
현공스님과 차담을 나누던 김봉호 선생도 그립고
현공스님도 영 그립다
마루에서 바라보던
한가한 농경의 허허로운 논과 밭도 다시금 읽히고
그리고 금강스님의 동그랗고 풋내 가득한 모습도 영 그립다

이제는 어느덧 오십을 넘기고
스님이나 나나 늙음을 눈앞에 두고 있지만
이렇듯 어느날 그리운 사람이되어
평생을 살았으면 싶다

광덕사

광덕사 요사 처마 밑에 앉았더니
빗소리가 처량하네

물안개는 치맛단을 걷어 올리고
산중 굵은 바위를 터벅터벅 걸어 올라가고

아, 천둥소리 요란하니 계곡 물소리는
끝 모르고 울어대네

옥천사

가을이 잘 익었다
아주 빨갛게 잘 익었다
장회나루 물길을 따라서
작익은 단풍을 따먹는 바람의 뒤를 쫓다가
문득 다다른 곳에서
옥빛 물 한바가지 떠보니 옥천사다

마치 시렁 위에 감추어둔
먹음직한 과일 한알 발견한 듯
잘익은 가을을 눌러쓴 옥천사 곳곳에
가을은 젖가슴 드러내놓고
육욕(肉慾)을 힘차게 빨아대고 있는 마당 한쪽 햇살
지진스님의 독경소리가
낙엽을 태우며 흩어진다

아, 가을이 잘 익었다
곧 싸늘하게 면도질하는 눈발이 날릴 터
하늘에는 먹구름이 더듬거리고
옥빛 물안개로 물들어가는
잘익은 가을은 옥천사 마당으로
주렁주렁 열려있다

남한산 성불사 1

성불사 떡갈나무 아래 누웠더니
왼쪽 귀로는 독경 소리
윤기가 반질거리고
오른쪽 귀로는 새소리 무한정 정겹네

나뭇잎 사이로 흘러가는 구름 청아한데
신작로의 흙먼지는 햇살에 하나둘 옷 벗어
정정에 들라 하고
소로 길 제멋대로 돋아난 잡풀은 시기심 버리고 정념에 들라하네

아, 무릇 사람으로 자연에 들라 된소리 뱉는 바람은
산지사방 흩어진 마하반야 바라밀이라
산색이 부처요 그늘밑이 열반이네

남한산 성불사 2

(성불사의 노스님)

노스님 닳고 닳은
새벽달 보다 더 늙어
하늘 밑 깊고 푸른 허공에 얼굴 비추니
바람은 등 때리고 풍경소리는 애잔하네

남한산 성불사 3

성불사 당전에 누워 하늘을 보니 까마귀 떼 만산홍엽에 서럽다고 울더라
동짓날 추려서 낳고 자란 어린 들꽃도 이제는 허리 펴고 날 수 있으려나
산매에 두려운 듯 걸리기 시작한 청아한 별빛은 해수면의 고기비늘 같아
손으로 휘저으면 손가락 사이로 걸려들어 밤새 말 많은 세상사 탓하리니
길손이 되어 왔다가는 한 계절은 저승길 떠나느라 옷가지 훌훌 털어내고
뼈시린 바람은 문풍지 틈으로 얼굴 밀고 가을이야기에 가던 길 돌아선다

원주 거동하지 · 사진 김태식

대비사

천년을 구르다 만난 와편 한 점
아, 곱고 아름다워라

지연스님 호주머니 호두알처럼
은근슬쩍 주워들었더니
아, 천년이 내 주머니 속에 담겼네

대웅전 햇살 산세가 아름다워
그 볕 하나 주웠더니
지연스님 독경소리 통째로
내 가슴에 물씬 스며드네

모름지기 살아도 천년
죽어도 천년이라는데

아 창공에 홀로 떠는 햇살은
대비사 눈물이 쏟아낸 만취선(漫醉禪)인가
와편 한 점 햇살에 초롱초롱 눈을 뜨네

용문사

용문산 정청(靜聽) 천년의 물길을 헤집어
석단(石壇) 밑 곱게 몸을 편 은자의 햇살
누누(縷縷)한 바람 어깨 기댄 마하바라밀
아, 꾹 다문 입술에 잇고 잇은 보인 스님
선염(渲染)의 결(結) 자애 청청 수바라네

성륜사

아픈 여름 꽃
한아름 따다가
상처난 그리움 씻는데
구슬프게 울어대는 새소리
그늘밑 무른 꽃잎이라
한생 잘 살았다
성륜사 마당은 검버섯이 가득하네

첫눈이 오면 나는 내소사로 떠나겠네

기어코 산길을 밟아 소나무 푸른 잎 이정표 삼아 내소사로 가겠네
운치있는 달빛이 첫눈에 눈동자 찍으면 단청도 없는 대웅전 한쪽에서
나를 떠나간 모든 세월 불러놓고 평온을 기도하겠네

첫눈이 오면 잊지말라 당부했던 청춘을 모두 설산으로 지우고 떠나겠네
다시금 그려보는 그리움의 발자국을 하나둘 찍으면서
내소사 선방 동안거에 든 별빛
눈밭에 씨 뿌려놓고
한겨울 죽도록 사랑했던
지난 계절의 나뭇잎을 흔들어 보겠네

첫눈이 오면 아름답던 생각들과 황홀했던 순간을 운명과 맞바꾸겠네
때로는 서러운 것, 바람에 몰려와서 옷깃속 가슴을 친다해도
처마의 의연한 고드름처럼 태양빛을 발하겠네

눈부신 날은 한순간이지만
눈에 넣고 흔들어보는 들창 밖의 애절함은 첫눈이라서 더욱 진해지고
첫눈이라 찍어놓은 가슴팍 울림은
매해 같은 눈물로 기침소리 훌쩍거리는 한밤을
오로지 내소사 골방에서 별을 보며 글을 쓰겠네

회암사

회암사 요사에 앉아
빈 술잔에 달빛 녹여 마시면
그리움이 밟아놓은 눈발 흩날리고
과묵한 바람 눈가를 스치는데
아, 늙어진 첫눈의 추억
밤하늘 먹빛 구름에 여울지네

일월사의 봄

너의 살결은 연못에 노니는 꽃잎 같아라
손등에 잠시 머물다 흩어진 햇살 같아라
동백꽃 짙은 입술에 톡하고 멍울 지리니
찻잎은 물오른 양달 밑에서 젖동냥하고
능수버들 휘청거리는 달빛은 눈물짓는데
사립문 밖 눈만 흘기는 사랑은 별빛이라
아, 어느새 엉덩이 들썩이는 봄이로구나

일월사에서

가을햇살 놀다 지치면 개울에 발 담그고
산중 비릿한 바람에 몸실어 세월 쓰는데
소나무 위 구름은 허공 흔들어 땀 닦고
붉게 독오른 산엽은 몸털어 알몸 되네

연곡사

타는 듯 갈망하며 돌아서 바라보는 눈빛
서쪽 노을 머리카락 물들어 휘날리는데
전각 뒤 강에 가을이 빠져 허우적거리네

간월암을 지나며

바람의 뼛골 잡아 흔드는 간월암
세월보다 서러운 달빛 차오르면
청파의 고운결 타고 그리움 출렁
육백년 해송 고독함에 눈물 몇네

보타사
(벗어놓은 신을 보다)

살얼음판을 걸어왔을 테지
가만가만 육신에 짓눌린 거동을 살피면서
막 새로 사 신은 듯 그렇게 봄바람에 실어 왔을 테지

누군들 새신이고 싶지 않을까
누군들 꽃신이고 싶지 않을까

때로는 비에 젖은 듯 욱신거리며 걸었을 테고
때로는 돌부리에 채이면서 산을 넘었을 테고
때로는 후미진 골목을 돌아 이 자리에 왔을 테지

지은스님 아미타불, 풍경 소리만 봄볕을 물고
솔송 사이로 새신 신고 가만히 내려앉네
맹렬한 것이 사랑이다

현등사
(살어릿다)

지상은 나에게 무얼 바라는가
이 순간에 죽어지기를
이 아름다움이 죽음으로 기억되기를
저 창공의 흰구름처럼
암석 틈의 조용한 습기로 살아지기를
숨소리 멈추고 하늘위
떨리는 영혼의 소리를 듣기에
나는 기도한다

풀에 앉는 심정으로 살어릿다
입술이 아닌 가슴으로 살어릿다
때로는 타인의 발밑으로 살어릿다
아, 태양보다 깊은 먹구름으로 살어릿다

우리의 존재를 자각하는 것
그것으로 진정 부끄러움을 알고자
사랑하고 또 사랑하리라
나의 문학 나의 자존이 사랑
그 혀의 부단한 겸허로 살어릿다

아, 비가 온다
형체를 지우며 빗속의 나는 그저 소리다
참되지 못한 그 한날을
나는 또 쓰고 지우다 가리라

보광사에서(남양주)

보광사 토방에 앉아 가을을 보노라니
문살 뒤에서 들려오는 청아한 독경소리
바루를 씻어낸 듯 뽀독뽀독 볕에 밟히네

2. 그리움, 그 진함을 색칠하다

취하다

다락 논바닥에 떨어지는
가는 햇살 긁어
네 마음 곳곳을 비추면서
태초의 바람이 전했던
눈과 비로 너를 빚어
네게 진정 취할 테다

파도를 밀고 가듯이
용오름의 폭풍처럼
힘이 부치더라도
들풀을 모아 한 손에 쥐고
땀방울을 훔치며
포기하지 않을 테다

상처 난 자리 꽃말로 쓰다듬고
성난 마음 별빛으로 토닥이며
흔들리는 선창을 향하는
저 푸른 물결의 도발처럼
미친 듯 취할 테다

새벽

이른 새벽 눈을 떠보니
이집 저집 동냥질하던 별은 지고
나뭇가지 위에는 뽀얀 달빛이
바람과 입씨름 중이네

찻물을 우려 속삭이듯 향을 맡는데
어둠이 제 살 벗어 찻잔에 몸 담그고
차향을 달래 가슴에 품어보는데
닭이 회치는 소리
정겹게 눈을 맞추네

푸석한 허공으로
기어드는 실눈 뜬 여명
밤새 벗어 놓은
살오른 외로움 줍더니
탈탈 털어 햇살로 끌고 가네

빗소리

비, 가만히 내 살결을 더듬는다, 더듬는다

목덜미로 흘러내려
심장을 톡톡 치며
가슴골로 가을의 깊은 발자국을 찍는다, 찍는다

상념을 휩쓰는 바람도 빗소리에 무겁게 나뭇잎 흔들고
몇가닥 남지않은 노송의 머리칼은 젖은 채 측은하기 그지없다

이 가을 빗소리는 그리움의 선율이다

다 떠나고 난 뒤 적요함처럼
발가벗고 샤워기 아래 주저앉아
온 외로움을 들썩이며 흐느끼는 눈물이다

댓돌밑 낙숫물 떨어지는 소리가 길고
어두운 통로로 총총걸음을 옮기면
방안의 구들장은 팔팔 끓어도
가슴은 피멍들어 잠 못 이루는 눈물의 소리다

생을 다 써버린 꽃잎 한장처럼
잇몸 깨문 아픔을 때리는 소리

아, 빗소리
토하고 토해도 생을 버리지 못하는 가을날
낙엽의 애처로운 춤사위처럼 아프게 떨.어.진.다

영암 도갑사 · 사진 김태식

울보

나는 사랑 때문에 울었네
별빛에 스치는 안타까운 바람때문에 사랑이 뜨겁게 울었네

나는 가을 때문에 울었네
빗장을 닫아걸고, 낙엽이 떨어지는 하늘을 보며 힘없이 울었네

나는 달빛 때문에 울었네
포도송이처럼 밤하늘에 열리는 그대 생각으로 눈물이 흘렀네

나는 고독해서 울었네
낯선 땅의 이름모를 이정표를 바라보며 아득해서 한참을 울었네

나는 새소리 때문에 울었네
산이 멀지 않고, 강이 근처에서 갈대를 흔들어 갑자기 눈물이 쏟아졌네

나는 꽃이 지는 순간에 울었네
참파꽃이 바닥을 뒹굴 때 꽃이 아파 너무도 슬프게 울었네

나는 내 울음에 놀란 허공의 울음소리를 듣네
나는 내 마음의 빈 가슴을 채우려 바보처럼 울고 또 울었네

사랑하는 것은

사랑하는 것은

사랑하는 건 가을비에 젖어보는 것이다
사랑하는 건 눈밑이 퉁퉁 부을 때까지 울어보는 것이다
사랑하는 건 한없이 낙엽 깔린 길을 걸어보는 것이다

사랑하는 건 노을에 얼굴 붉어져 보는 것이다
사랑하는 건 가을바람에 옷깃을 열고 그대 안아보는 것이다
사랑하는 건 달빛에 그리움 걸어놓고 기도하는 것이다

비로소 알았다

비로소 알았다
청춘의 날이 낙엽 한장에 날아갔을 때 비로소 알았다

그 매몰찼던 찬바람의 냉기처럼 아팠던
사랑의 상처가 쌓이고 쌓여
진실의 서사를 쓰고
비로소 사랑이 찾아온다는 걸 알았다

가을비 끝자락에 매달린 영롱한 햇살이
그대 눈동자처럼 맑다는걸 비로소 알았다

비로소 알았다
숱한 밤이 달빛으로 유혹해도 취하지않던 그 서러움의 날이
그토록 푸르렀던 이유를 비로소 알았다

그대 눈동자에 맺힌 빛남이
달빛의 유혹을 지운다는 것을 비로소 알았다

사랑하는 것은 청춘의 한때를 장식하는 표지판이 아니라
나이든 가을의 옷깃을 적시는
영원한 별빛이라는 것을 비로소 알았다

진심

당신은 진심의 선물을 받아본 적 있나요

구두 뒤축이 다 닳아질 정도로 그대에게 달려가
가을에 폭쌓인 진심을 드리고 싶습니다
때로는 허허로운 바람이 단풍을 흩날려 쓸쓸해져
잎사귀 곱게 안부를 물어보고 싶습니다

텅 빈 속으로 온몸이 떨릴 때 그대의 번호를 잘못 눌러
없는 번호라는 전화음에 가슴 철렁한 날
나는 기어코 진심을 배달합니다

내 가을은 그렇습니다

속노란 고구마 한입 베어 물고
콧속의 이물감에 밤새 킁킁 신음할 때
당신은 창밖으로 단풍, 낙엽이 되어 내 안부를 물었습니다

가슴 떨리는 영혼의 울림으로 실핏줄을 녹여
그대의 안부를 묻다가, 묻다가 새벽을 맞습니다

사랑하라

아프지 말라고 말하지 마라
가끔 가슴 저리게 아파봐야 사랑할 수 있다

늘 웃으면서 사랑할 수 없는 법이다
가끔 눈물을 매달고 가을 끝자락 꽃의 낙루를 생각하면서
간절해 봐야 사랑할 수 있다

슬프게 창문 곁에서 별을 바라봐야 사랑할 수 있는 법이니
작고 여린 바람에 온몸 시려 봐야
진심의 온기를 느낄 수 있는 것이리니

그리워하라
그래야 진심으로 달빛에 그대 향한 외길을 갈 수 있는 법이다

달빛, 그 불면의 송가

달빛 외로운 창가에서 서러운 인생을 쓴다
긴 호흡의 바람을 뒤집어쓰고 달빛 젖은 그리움 쓴다

젖은 듯 몰려오는 상심, 핏줄에 튕겨진 담배연기 흐려놓고
건너편 집들이 약속한 아우라 속 유성처럼 빛난다

누군가는 잠들고, 누군가는 밤새 소주잔을 기울이겠지
한방울 녹여서 애상을 적시며 낯선 곳의 구겨진 삶을 위하여
달빛을 잔에 담겠지

망각하는, 또 다른 잊혀짐의 날은 달빛 그려놓고
계절의 허영을 위한 꽃송이 떨구겠지
아, 그런 것, 달빛이 참으로 곱다고
시인은 글 한잔에 담아 마시겠지

그대

바람 불면 그대를 바람이라 하자
꽃이 피던 지던 그대를 꽃이라 하자
눈이 오면 그대를 순결의 눈송이라 하자

별이 뜨면 그대를 별이라 하자
햇살밑 그늘지면 그대를 영롱한 이슬이라 하자

사랑하고 싶으면 오로지 그대라 하자
사랑의 그대, 늘 그대라 하자
내 마음 보이는 모든 이유 앞에 오로지 그대만 세워놓자

빨래 끝

휴일의 느릿한 새순의 입술과 걸음을 보노라
속옷이 가지런히 햇살을 머금고 있는 창을 통해
변화하는 온기의 계절이 무상하게 흐름을 보노라

멀리 교회종탑과 그 위를 가로지른 세월의 무분별함
창을 건어낸 바람소리와 들퍼진 들판의 경직된 새소리
소로에서 울먹이는 따사로운 전경에 물소리 덧댐을 듣노라

아, 누더기같은 하늘을 조각보에 수 놓고
밤새 꿈자리를 흔들어 대던 별똥별의 흔적을
그리움의 가지로 피워낸 새벽의 강건한 허공을 느끼노라

이제 한번쯤 비에 젖어 보고
한번쯤 삶의 시계를 꽃과 나뭇잎 새순으로 물들여 봤으면 하는
성장통에 굵어진 나이테를 느끼노라

아, 높은 산과 하늘, 강물의 재잘거림은 무엇으로 오고 가나니
그 유일함에 눈물이 나는구나

여주 신륵사 · 사진 김태식

간절하게 하라

간절하게 하라
이 새벽이 오는 기도처럼 간절하게 하라
별빛 지나간 자리에 솟아난 풀잎처럼 간절하게 하라
머지않아 뜨겁게 떠오를 햇살처럼 간절하게 하라

삶은 슬픈 것, 슬픔을 고요하게 흔드는 바람처럼 간절하게 하라
생은 어느덧 멀리 왔음에
눈물을 쏟듯 간절하게 하라
강물에 모여든 봄의 소요처럼 간절하게 하라

아, 묵음의 바다로 떠나는 돛단배처럼 간절하게 하라
두손 놓고 짙게 드리워진 평야의 붉은 여명처럼 간절하게 하라
사랑, 그 이상의 길을 가듯이 운명처럼 간절하게 하라

꽃잎

꽃잎에 머문 달빛따다가 그대 머리맡에 꽂아 볼까
행여 꽃잎 날아갈세라 젖은 내 마음 녹여
그대 눈동자의 이슬 되어 볼까
찻잔에 그리움 띄워
소편(小片)으로 흩어지는 붉은 여명의 눈물 되어 볼까

아, 새삼스러울 것 없는 애수(哀愁)는
새벽부터 창문에 꽃나비 되어 날리네

구미 죽장사지 · 사진 김태식

그리움 1

당신이 참 보고 싶습니다

아직 굵어지지 않은 새벽바람
여명이 깔리기 시작하는 붉은 골목길로
봄풍경이 하나 둘 실루엣을 벗고
첫경험에 쑥스러운 어린 물오리의 자맥질로 분주한 강가
상큼해진 이 새벽 아침을 준비하는 새싹의 식탁에 흐르는 침묵 위로
당신 향한 그리움도 한자리 차지합니다

물끄러미 앉아있는 창틀로 사소하게 번져가는 건너편
눈비비고 일어선 산경은 산들거리는데
집 앞 큰 나무에 걸렸던 달빛은 희미하게 뒷걸음치고
새벽의 여백은 잠든 세상 소요 속에서
그리움만 분명 살아서 실핏줄을 팔딱거립니다

아, 보고 싶습니다

당신의 지난밤은 어땠을까, 하는 생각이
봄의 강물을 이루며 흘러갑니다
작은 돌멩이 사이로 당신의 발걸음이 멈추어 서고
수연이 깊어진 강표면으로 당신의 총명한 눈동자가 흔들립니다

차 한잔 마주하고, 그리움이 희석된 음악을 듣습니다
책장에 사각거리는 그리움의 글들이 와르르 쏟아져
마음속으로 걸어옵니다
젖은 듯 무겁게 매달린 새벽 공기 속에서도
가볍게 날아오르는 티끌 없는 그리움들
한점 골라서 흐르는 음표 사이에 그려놓고
소파에 등 기대고 새벽의 고요를 삼켜 봅니다

아, 참 보고 싶습니다

정적을 흔드는 절실함에
눈물이 흐르는 것도
어깨를 들썩이는 훌쩍거림도
순백의 영혼을 흔드는 이 고요의 새벽이
모두 그리움이기 때문입니다

그리움 2

살 주름 펴고
창공을 노래하는 잿빛 구름
아, 밤새 꽃 몸 턴 여명은 알몸 내어주고
꽃길에 망부석되어 빗소리에 우는데
산초록 속옷 벗어 놓고
바람을 흔들며 내마음 적셔
강둑의 싸리꽃으로 피어나
새파란 입술로 그리움에 입맞춤하네

청송 주산지 · 사진 김태식

그리움 3

창밖으로 안개가 가득합니다
이런 날은 그대 그리움이 한 짐입니다
강변을 따라서 물오른 수연이
늦가을 시클라멘의 붉은 테두리로 툭툭 손짓을 합니다

감나무에는 덩그러니 젖은 감 한알이 한껏 식감을 자극합니다
수수한 늦가을의 어깨로 언뜻 햇살이 스치곤 합니다
그대 그리움 앞세워 강을 걷습니다

아, 사랑합니다
얼굴빛 그려가며 이슬 촉촉한 풀잎을 흔들며 잔바람이 몰려옵니다
휴일의 한구석을 오려서 그리움 담아놓고
그대와 차 한잔 하고 싶습니다

아, 사랑합니다
옷깃 여미고 그대 손을 잡고 이 가을의 풍요를 걷고 싶습니다
물오리 자맥질에 작은 소요를 그대 미소로 거두고 싶습니다

아, 이토록 그리운데
그대여 나의 손은 늘 빈손입니다

그리움 4

늘 그리워하며 살자
비가 오면 강물에 깔리는 언덕 위 나무 한그루 되어
떡잎에 맺은 바람으로부터 떨리듯 늘 가슴 아리게 살자

낯선 곳에 선 불온한 마음을 가담듯
그리워하는 것에
더욱 그리운 마음으로
나를 쓰고 읽으며 아련하게 눈 감고 살자

그리움으로 생을 풀어 앞세워 놓은 것에
뒤꿈치의 고립감을 더욱 그리워하며 살자
그리움은 그리움으로 채색하고, 그리움은 그리움으로 이야기하면서
평생의 그리움을 올곧게 숨쉬며 살자

어두운 밤길의 별빛으로 그리움 닦아 길을 놓고
은하수 쇄골에 눌러앉은 이름 모를 별을 헤아리며
어둠이 곧 떠날 것을 아는 기쁨으로 살자

늘 그리워하며 살자
글로 녹여 내 마음 썼듯이
내 마음 풀어 전설이 되는
그리움의 천년을 기록하며 살자

아, 그리워, 그리워 살갗의 모공이 모조리 틀어 막힌 듯
그리움으로 온통 붉게 피어나는 장미송이처럼
뜨거운 그리움을 안고 살자

그리움 5

눈이 오던 그날이 그립다
낙엽에 짓눌려 첫눈을 기다리던 그 심정을
그리움으로 풀어쓴 어느 늦가을 우수에 찬 오후
날 죽이고 가라, 했던 그 사랑의 쓰라림이
차디찬 바닥에 떨어져
내 심장을 빼갔던 그날이 그립다

여름, 비단 이 더위 때문만은 아니다
이미 버려진 심장 때문에
더이상 뜨거워질 이유 없는 날이
지속되는데……

저 먼곳에서 몰려오는 먹빛 구름
그 안에 담겨서 가끔은 웃어주었으면
손에 땀이 차도록 설렘이 가득했으면
사랑비 오는 날, 약속해 하지 않을 터

아, 나를 버려둔 사랑은
어느 하늘밑에서 나와 같은 생각을 할꼬
긴 인연의 끝은 혼잣말처럼 하늘에 흐른다

사랑한다면

아픈 사랑을 하고 있다면 꽃을 보라

뜨거운 사랑을 하고 있다면 강물을 보라

이별을 생각한다면 바람을 보라

언제든 제자리에 서서 기다리고 기다려라

그 사랑이 당신이 걸어야 할 길이라면
꽃과 강물이 그리고 바람이 그대를 위로할 것이다

그리움에 가슴 떨리거든 봄을 생각하라

소요의 새싹을 보면서
땅의 들썩임을 생각하면서
언덕 위의 굽지 않는 나무처럼
시원스레 눈을 감고 사랑하라

그리움은 네 사랑이 만드는 가장 훌륭한 교향곡이니, 괴로워 말라

불

불붙는다
절명의 손짓, 살아남은 생명은 고집한다
저 노을 끝 살을 발라
당돌한 나선형 구름에 멎을 때
그 안으로 파고들어
그대와 함께 타리라

노을

저 노을속 타들어 가리라
한점도 소유를 버린 채 우주의 미물되어 사라지리라

가슴속 그리 뜨겁던 유희의 날
사랑 탐하다 사라진 별자리 향해 타들어 가리라

아, 장렬하라. 한 줄에도 지지 말고
창공되어 티끌 쓸어내고, 불안을 태워 버리리라

김천 대덕산 낙조 · 사진 김태식

사모

달빛 처량한 저 하늘길에 닿고 싶어라
뜨거운 날을 살았던 미풍으로 사랑을 씻기고
저 달빛의 아득함으로 같이 잠들고 싶어라

아, 창밖
입술 비비고 눈빛 그윽한 별빛에 사랑을 쓰고
그 향기 곁에 두고 싶어라
종려나무에 한없이 멀어진 그리움 걸어 놓고
그대 위해 노래하고 싶어라

아, 내 사랑만큼 기뻐라
달빛 발그림자로 디딤돌 놓아, 꿈길을 걷듯
그대 향한 애수의 소야곡 되어 평상을 짓고
달빛 아래 영원히 사모하고 싶어라

눈물이 분다

가끔은 지독하게 사랑한 기억이 가슴부터 눈물을 불어댄다

등 기대고 주룩주룩 흐르는 빗방울을 쳐다보면서
이제 멀어져간 사랑의 궁핍을 회상할 때
지워져버린 그녀의 향기가 아련해진다

차 한잔 하리라

그때처럼 기억을 앞자리에 놓아두고
도란도란 속삭이면서
음악처럼, 비처럼 눈물을 흘리고 싶다

사랑은 잊혀지고 마는 것
지나간 청춘은 가슴에 피멍들게 하는 것

눈물이 분다

눈물이 분다
비를 맞으며 또 한 생의 꽃이 나고 질 적에
손끝 떨리는 추억이
한시절 한시절 고여
눈물 되어 불어댄다

쓸쓸함 그런 이야기에 대하여

노을이 한손뻗어 나의 목에 잠겨올 때
사랑은 가고 거리의 슬프고도 손쉬운 사람도 간다

계절의 씻김이 그래야
작은 상자짝에 추억을 담아놓은 것처럼
비워야 하리니 분홍리본은 걸어두지 않을 테다

베고니아를 그리워했을 새벽의 외침도 사랑의 부재도
긴 줄에 흔들리는 타작성 그리움도
맷집 강한 스산함으로 핏줄 세우고 자꾸만 숙면을 갉아 대는데

냉장고를 열었을 때
엉뚱한 사물이 사선에서 피로 흘러들어
절규의 나침은 모래톱을 휩쓴 세찬 바람 같았다

고등어 한마리처럼
그들의 고향인 바다에 뿌려질 파쇄의 뼛가루처럼
어쩌면 충분히 슬펐고 분노했으리니……
바람 세찬 강둑에 서서 새로운 베고니아와 이슬을 탐하지 마라

사랑은 죽었고 가슴은 뛴다

한살이 부평초 키운 빗물에 다섯손가락은 울음이 비어져 나오리니
나의 시에서는 무엇이 흘러나올까

거리의 악사는 떨리는 손으로 에디트 피아프를 희롱하고
늙은 상점주인은 손님 대신 구레나루 가득한 하늘만 본다

도시를 먹어치운 검은새는 어디로 가는가
호흡소리 멈춘 곳 공규의 바람과 덜펴진 햇살의 섬
도시를 떠다니다
어느 마을의 오래된 상여막에 머리 꽂으리라

거리는 멈추어졌고 회색 인간은 뒷머리에 추억을 색인하고
부유물처럼 떠다니는데
아 나는 저들을 기억해야 하는가

목은 따갑고 피가 흐른다
아! 나는 사랑하면 안 되나

화순 운주사 · 사진 김태식

절망

검은 비를 먹었다
전각밑으로 솟아오른 별에 질린다
허연 안개가 산중에서 밀려오고
죽음을 버린 날 책표지를 찢었다
기형도의 그 낯선 문장까지도
검은 밤에 파묻었다

별은 방에 들어가 잠들고
나는 한동안 별을 기다리다
수은등에 목을 건다
소주 한 잔...... 겨울밤에 방황하고
항문에서는 피가 터져 나온다

흰가운의 의사가 '당신은 술 마시면 죽어'라고 외쳤을 때
잠든 별은 깨어나 눈 비비며 달려왔고
나는 별을 안고 잠든다

메스가 복부를 가른다

내가 먹은 검은 비가 쏟아진다

사랑이여

금빛 햇살 한아름 주워와
가슴에 뿌리면
한밤 술잔 속에 눈물로 빛나리

바람의 살갗을 벗겨내
가슴에 스치면
내 님은 부끄러워 얼굴 붉히리

철벽

아, 사랑한다고 말하지 마라

이 추운 겨울날 헛된 숨소리 내지 말고
사랑이여, 죽어라

마음의 분란이 수은등 불빛 아래서 사위어갈 때
우리의 날은 죽었고
사랑은 후미진 골목길
등 때리는 노을에 타버렸다

그믐날 밤, 누더기 같은 별에 빛났던
변덕스러운 심장이여……

봄을 기다리는 모험을 즐기지 말고
꽃날 환영에 살았던 과거를 버리고
이제 방점을 찍어라

여주 점동면 장안리 은행나무 숲길 · 사진 김태식

길목

풀먹인 바람이 볼을 깊게 써레질 한다
하늘은 검고 수은등은 외롭다

나방의 실핏줄같은 불빛이 떨어진다
꺼질 것처럼 기진맥진, 고독한 날씨다

등 기대고 선 차양밑 온기없는 붉기
군둥 내 나는 불빛에 낙엽은 적나라하고……
길 옆 얼마 남지않은 균사의 가을이
푸른 곰팡이 종균, 강변 위 별을 먹는다

여전히 사람은 살아지는 것
모두가 암순응 속 눈동자만 빛내는 것
철딱서니 없는 하루가 한강을 도하하고
닳고 닳은 가을은 심산스레 한강 위에서
호흡을 멈추고 우리를 주시하는데……

손을 뻗어 눈물을 닦아줄 수 없는
너덜너덜해진 철로의 마찰음만 손 내민다

그대 그리움

산밑에 가만히 스치는 햇살아
그늘에 앉아 가슴 파는 애타는 그리움 노래하지 마라

심장만 톡톡 떨리는데
꽃으로도 이 그리움 달랠 수 없으니
바람 한잎 떨구어 구름에 실어다
그대 하늘밑 나 데리고 가라

무령, 달려가 나란히 그대 무릎에 눕고픈데
휘젓듯 몸살에 아린 이 외로움 쓸고 간 그리움
산탄처럼 흩어지고 마는데
차 한잔으로도 가라앉질 않으니
오늘밤 달이 차면 어이 한밤을 보내야 할지
눈물만 미어지는구나

달빛

어스름 저녁 달빛
꽃잎에 땟물 씻는데
때마침 불어오는 향긋한 바람
그리운 사람 살내 풀어서
심장만 아려오네

의성 금성산 고분군 · 사진 김태식

3. 가을, 그 뒷모습을 따라가다

연가

우우우, 가을이 울고 있나요
사랑이 멀리 떠나가나요
저 별빛에 붉힌 어둠, 참으로 그리웁나요

우우우, 낙엽이 떨어지나요
쓸쓸한 그대 얼굴 불어오나요
저 노을에 젖은 외딴집
그대 그림자 잠드나요

우우우, 달빛이 눈물 떨구나요
외로운 밤하늘 슬픈 노래인가요
저 강물에 가슴 찢겨나가는 내 사랑이 아프나요

가을바람

나, 가을 하늘의 바람이고 싶다
밤별의 손짓에 흔들려 그대 하늘
깊은 어둠 씻으며 달려가는 바람이고 싶다

새벽이슬 털어 코스모스 얼굴 속삭이는 바람이고 싶다
떨어지는 꽃잎으로 책갈피 속 묻어둔
염원의 순결한 바람이고 싶다

사랑해서 차별받는 외로움을 쓸면서
공평한 바람이 되어
꽃잎 흔들고 싶다

나, 가을 하늘의 바람이고 싶다
산경의 붉은 눈으로도 바라볼 수 있는
가을 살결의 투명한 바람이고 싶다

낙엽의 요의에 자연스럽게 응답하는 서정으로
가을의 사랑을 흔들어 대는 천년의 바람이고 싶다

모자

가을에는 모자 하나 장만해야겠다

코스모스 가득 핀, 한들거리는 바람 따라 걸을 때
저녁 씨알 굵은 노을 눈을 찌르면
비스듬히 중절모 눌러쓰고 눈지그시 감아 보아야 할 테다

가을향 가득한 햇살에 모자를 눌러쓴 내 그림자 만들고
한걸음 앞 긴 그림자
입가에 씁쓸한 미소지으며 따라가고 싶다

어쩌다 길에서 마주친 바람에 어깨 가득 우쭐거리고
바람에 모자 한번 날아가는 낭패스러움에도
가을 고독을 연상하며 멋스러워지고 싶다

가을에는 모자 하나 장만해야겠다

뭇사람의 부러움을 사도 좋을
멋스러운 가을남자 되려면
깊은 우울과 상실을 가릴 모자 하나 장만해야겠다

때로는 살아있는 모든 것으로부터
가볍지 않은 사랑의 중후함을
그럴듯이 표현할 모자 하나 써야겠다

아, 생각해 보라
근사한 만찬과 별이 떨어지는 강변
수연 깊게 치마 걷어올린 산변에서
긴 호흡의 오렌지색 밤하늘을……
그 길에서 나는 멋진 모자 눌러쓴 색고운 가을이고 싶다

내가 그녀를 기다리는 까닭은

내가 간이역 벤치에 앉아서 그녀를 기다리는 까닭은
가을이 왔기 때문이다
멀리서 다가온 산들바람이 코스모스 꽃대를 흔들고
옷깃 파고드는 풀 죽은 햇살이
그녀가 어깨 늘어트리고 다가오는 것을
느끼게 만들었기 때문이다

자전거가 긴 그림자 깔아놓고 따르릉 소리를 냈을 때
문득 그녀의 환한 미소가
엷은 햇살 속에서 싱그럽게 나붓댔기 때문이다

사람들은 오고 가고
계절은 털털거리며 신작로를 향해 떠나갔을 때
그녀가 륙색 가방을 짊어진 젊은 남자를 스쳐
노란 은행잎을 머리에 이고
나를 향해 뚜벅뚜벅 걸어올 것이기 때문이다

내가 슬픈 눈으로 붉게 물들어가는 산을 바라보는 까닭은
저 산중에 그녀의 눈물이 숨어있기 때문이다
껍질 다 벗겨진 가문비나무가 나에게 무너져 왔을 때
그녀는 분명,
가을빛 들판의 억새처럼 나에게 무너질 것이기 때문이다

가을은 어쩌면
그녀와 같이 서있는 고욤나무의 그림자이리라
가을은 어쩌면
그녀와 같은 곳에서 피어나는 수국의 향기이리라
가을은 어쩌면
그녀와 같은 말간 눈빛의 고요함이리라

돌 하나 집어던져 강물에 이는 파문처럼
그녀가 가슴에 던지는 가을의 팔매질 되어
그녀를 그립게 채색하기 때문이다

내가 그녀를 기다리는 까닭은
가을 깊은 곳으로 걸어가기 위함이다

마치 기차를 타고 협곡을 지나는 가을의 머리칼처럼
저 파란 하늘에 투명하게 그녀를 그려내기 위함이다

그녀의 작고 오목한 어깨에
흔들리는 낙엽과
그 낙엽을 털며 쓸쓸한 가을 이야기를 나누기 위함이다

내가 그녀를 기다리는 까닭은
항구로 가는 마지막 노을과 그 노을에 걸터앉아
두 다리를 흔들던 별의 전설을
글 한줄로 옮기기 위함이고
그 서사의 방점에 마침표로 그녀를 세워두기 위함이다

내가 옷솔기에 달라붙은 젖은 햇살의 윤기에 더하여
그녀를 기다리는 까닭은
저 가을속으로 피어나는 햇살의 입술 되어
그녀의 볼에 따스하게 입맞춤하기 위함이다
무턱대고 벤치에 앉아 가을속으로 담배연기를 내뿜는 까닭 또한
가을속으로 걸어올 그녀가 가을만큼이나 아름답기 때문이다

내가 그녀를 기다리는 까닭은
내 앞에 섰을 때
구두코에 달라붙은 몇 가지 가을색이 간질거리듯
내 눈에서 그녀의 가을을 노래하기 위함이리라

사랑

가을에는 그처럼 아름다운 눈빛만 모아 사랑을 하리라

코스모스 꽃잎 떨리는 아름다운 길에 사랑과 함께 하리니
햇살이 눕고간 자리에 나란히 앉아 그대 눈빛에 꽃이 되리라

애태워 고백하지 않아도 손을 내밀어 주는 사랑을 하리라
총명한 별을 앞세워 밤하늘에 시 한수 띄우고
바람이 되어 나뭇잎에 나란히
사랑한다는 글귀의 머리카락 흔들리라

가을에는 요란하지 않는 사랑을 하리라
갯내 저린 선창에 떨어지는 별을 모아다
시름에 젖지 않는 고독한 사랑을 하리라

선잠에 눈 뜬 낙엽을 밟으며 사랑의 길을 가리라
붉은 날, 붉어질 대로 붉어진 영근 사랑을 하리니
내 사랑이 어깨에 얼굴을 묻고 이 가을의 보료가 되리라

이 가을, 나는 가을 산으로 가려 한다

이 가을
나는 가을 산으로 가려 한다

살빛 하늘 등에 가득 짊어지고
고운 바람 양손을 잡고 산으로 가려 한다

들꽃에 환호 않는 가을볕은 멀찍이 떼어두고
눈인사도 없는 백송의 고결함을 외면한 채
천천히 산을 오르려 한다

풀과 이끼에 발을 씻고, 개울물로 손톱의 음영을 채색하며
균질의 바위에 자리 펴고 푸른 물에 몸적신 하늘을 보련다

풀벌레 소리를 거울삼아 나를 비추고
야생초 이파리로 햇빛 흐르는 산수경(山水景)이
달아나지 않도록 갈망하며
넘어진 나무 등걸이 굵은 나이테에게
낳고 죽어간 모든 생을 도란대면서 산으로 가려 한다

이 가을
나는 가을 산으로 가려 한다

작은 햇살 밑 노을 주머니 죽 깔아놓고 붉은 입술 힘주어 입맞추는
온통 붉어지는 가을 산으로 가려 한다
노을에 젖은 산길의 아득함과 별빛 떨어지는 창공의 가을 산에서
늙음과 추레함을 한껏 벗어놓으련다

별빛에 울지 않는 작은 가방을 꾸리고
달빛에 비틀대지 않는
외로움을 앞세워 가을 산으로 가려 한다

작은 노을
생을 터트리는 결정체의 포자로
온통 은빛향이 가득한 산길에 주저앉아
주먹에 움켜쥔
식어버린 계절을 삼키기 위해
가을 산으로 가려 한다

이 가을
나는 가을 산으로 가려 한다

밤하늘 은하수길 다리를 놓고
천천히 다가올 아름다운 가을의 속삭임을 기다리고자
가을 산으로 가려 한다
산 갈대 울음소리와 두견새 우는 노랫소리에
가을 하늘
어둠 속 한올 한올 옷벗는 모습 훔쳐보려
가을 산으로 가려 한다

적막함은 고결한 씻음이요, 고요함은 뼛속 깊은 울림이라
삶이 살필 수 없는 소음에 잠들기 위해
나는 가을 산으로 가려 한다

아, 사랑은 가을에 시를 쓴다

저 붉은 노을에 젖은 그대 그림자에 기대어
책갈피 속 꽂아 두었던 지난가을의 은행잎을 꺼내 시를 씁니다
절뚝거리는 가을의 바람에 얹혀 들판 위 드러눕고
파란 하늘의 넓은 앞가슴을 펼쳐 시를 씁니다
꿈길인 양 나긋한 어둠의 선율을 날줄에 걸고
그대 향한 그리움 씨줄을 엮어
한올 한올 제 속마음 풀어 시를 씁니다

아, 사람은 가을에 시를 쓰고
아, 사랑은 가을에 목이 메입니다

나뭇잎 사이 쏟아지는 햇살의 여린 몸짓을
혀끝으로 핥아내 침을 꾹꾹 발라 그대를 향한 시를 씁니다
붉어, 더 이상 붉어질 수 없는 산의 향기를 풀어서
그대를 위한 빗소리 불러내 글을 짓습니다
작은 바윗돌 구절초
빗방울에 잎사귀 흔들며 눈물 흘릴 때
그대 향한 향기로움을 씁니다

아, 사랑은 가을의 몸짓에 깊어지고
아, 사랑은 가을의 손짓으로 시가 됩니다

가을의 달빛은 바람에 울지만
나는 가을의 달빛으로 사랑하여 웁니다
이 가을이 숙연해지는 모든 애도가
나의 사랑에 머물다 흩어지는 것
그 흩어짐을 모아 시를 씁니다

중년의 주름살에 배웠던 헐벗은 그리움을 앞세우고
청춘의 한날을 찍어두었던 추억이
낙엽되어 가을을 향해 떨어질 때
나는 비단결같은 가을의 하늘에서 글자를 뽑아
그대 앞에 비망록처럼 시를 씁니다

아, 사랑은 가을에 시를 씁니다
달빛의 보료를 깔고
한글자 한글자
내 사랑의 아픈 팔과 다리를 붙들고 시를 씁니다

떠나는 것

가을, 가을로 떠나야 한다
사랑하는 모든 것들을 깨워서 손을 잡고
가을로 떠나야 한다

별빛에 그려놓은 그리움의 한 줄을 낙엽에 옮겨 적으며
이슬에 젖은 촉촉한 길을 걸으며
바짓단에 척척 감기는
저 아름다운 가을바람으로 떠나야 한다

눈을 뜨면 삶의 적나라한 현실이
비록 가슴을 찌르겠지만
왈칵 쏟아지는 생의 눈물을 앞세워
분명한 발걸음으로 가을로 가야 한다

우리의 생은 서러움을 말하는 공허한 울림인것을
탄소처럼
연소의 끝에서 퇴화된 심장과 상실을 버리고
가을로 떠나가야 한다

아, 슬프다
이 삶의 골육이
아침을 횟대치는 바람에 다 쓸려가는 불손함으로
가을로 떠나 붉게 타버린 우리의 꿈과 이상을 위로하리니
어느덧 부채의 햇살이 눈동자에 실리면
우리는 미련없이 불통의 시간을 버리고
가을로 가리라

내 사랑에게 가을을 보냅니다

햇살에 비춘 낙엽의 갈빗살을 뽑아
모음과 자음을 엮어
사랑이라는 글자를 쓰렵니다

더이상 진해지지 않은
단풍잎의 입김을 추려서
그대 귓전에 사랑이라고 속삭이렵니다

물빛에 담긴 파란 하늘의 양팔로
그대를 안아주며 사랑한다, 라고
가슴 떨리도록 쓰렵니다

강둑을 스치는 바람의 가을향기만 오려
심장에 퍼담아, 더이상 없는 사랑을 숨쉬렵니다

가을이 가을로 물들어가는 모든 전경을
두다리에 걸어놓고
그대 한길만 바라보고 가겠노라고
가을에 굳건하게 서 있으렵니다

잊지 말아야 한다

우리는 잊지 말아야 한다
가을이 곧 떠나감을 잊지 말아야 한다
집앞을 쓸어, 낙엽이 떨어지는 것도 꼭 기억해야 한다

손 흔들어 안부를 전할 때
눈물 따위 흘리지 않는다고 장담할 수 없다면
우리는 꼭 잎사귀 한장이라도 책갈피에 넣어두고 기억해야 한다

줄줄이 늘어선 햇살의 마지막행 티켓 한장
노을이 혀로 핥은 레일 위로 흔들리는 붉은 바람
차꽃이 세하여 기력 없는 차창의 늙은 별빛 또한
손바닥과 가슴에 적어놓고 기억해야 한다

한때 이별이 다 그리 떠났음을 잊지 말아야 한다
가을의 억새가 안개에 젖어 점점 멀어짐의 뒷모습 되어
별빛에 사무치는 이 가을의 고독을 결코 잊지 말아야 한다

십일월의 찬가

노랗게 익어가는 만추의 밤
그 어깨를 벗겨 그리움의 발자국 찍는 한 점 바람이고 싶다

수면을 때리면서 교교한 달빛의 눈동자 떠내
그대방 창살에 걸어둔 수채화이고 싶다

별이 지면 그 빛남을 긁어 그대 숨소리에 온기를 지피고
가을 낙엽에 아무렇게나 던져져 활활 타오르고 싶다

아침이슬에도 지워지지 않는 붓질로 햇살을 펴올려
그대 치맛자락에 은사시 눈부시게 빛나고 싶다

떠나고마는 계절의 발뒤축에서 분절음으로
오로지 사랑만 따라가는 그대 그림자이고 싶다

십일월의 어중간함에 서서 다시 오지못하는 시간을 붙들고
눈물로 써내린 늦가을의 소야곡이고 싶다

아, 그리움

그리울 때도 이 가을은 좋으련만
어디 저 붉은 단풍이 당신의 뜨거운 그리움만 하리오

뒷모습 아련해지는 달빛에 깔아놓은 갈댓잎이
청아한 바람소리에 몸흔드는 황금들녘의 비릿함만 하리오

가을이거늘
구둣발로 차버린 수북한 은행잎을 쓸어가며 나란히 걸었던
사랑의 한시절을 기억함만 하리오

괴테의 수사로 쓰고 또 썼던 밤하늘
별빛을 동동띄운
사랑의 글 한 줄로 가을을 세운들
어디 잠 안오는 소야곡만 하리오

가을 1

산천에 곱게 왔으니, 곱게 그냥 갈 일이다
승냥이처럼 가슴을 찢어 놓을 일이 아니라
그저 파란 하늘로 왔으니, 그 빛 그대로 돌아갈 일이다
소슬바람으로 몸을 털었으니
그 바람 그대로 옷깃만 살짝 올리게 하면 될 일이다

풍성함으로 물들었으니
그 넉넉함으로 들판에 오곡의 낱알을 알차게 살찌울 일이다
쭉정이가 되어 까불거리면 눈살 찌푸릴 일인데
그 미움 다받고 호미질에 한숨 베이면 그 서러움 다 땅에 묻을 일이다
맵지도 싱겁지도 않은 낙엽으로 삶을 쓰다가
제 살이 붉어져 땅에 거름이 되어 한생 잘 살았다
산하를 바라보면서 미소지을 일이다

전나무 숲길에서 울어대는 뜸부기가
절뚝거리는 외로움을 울어대도
천년 종소리 은은한 절간의 늙은 공양주가 서러운 밤(夜)을 짓고 지어
새벽 예불소리로 눈물 한방울이라는 것을 알아야 할 일이다
이 눈물이 부처가 성불하는 것에 비할 바 없다는 선문답을
달빛으로도 트집잡지 말아야 할 일이다

아, 가을이라 그 색성이 잠깐임을
돌담을 돌아서 뜀박질하는 햇살에 비유할 바 아니라는 것을
우리는 또 찰나를 살아내는 우주속 티끌이라는 것을
알아야 할 일이다
긴긴 가을 하늘에 살가죽 풀어서
달과 별을 띄웠던 선경(仙境)의 절차탁마(切磋琢磨)를 또한
사계절로 기억해야 할 일이다

억새가 우는 사연 뜨겁게 쓰더라도
평상의 노랗게 물든 별빛에게는
애도하지 말아야 할 몇가지 추억을 만들어야 할 일이다
별에게 가을을 속삭여도 부끄럽지 않는 탓함을
산경(山景)을 죽죽 그려놓은 냇물에 고별하지 않아야 할 일이다

창덕궁 · 사진 김태식

가을 2

아, 가을
저 깊은 물소리에 젖어 갈댓잎 옆자리 앉혀놓고
춤 한번 추고 싶구나
늙은 소나무에 걸린 달빛 옷 벗겨놓고
황금들녘의 한자락에 편안히 누워
당신 눈빛에 담기고 싶구나

별 하나에 사랑이라 써놓고
그 별을 향해 가는 애절한 비망에
붉은 낙조이고 싶구나
은빛 바닷물 위로 젖은 듯 몰려가는 기러기떼
그 찬란한 화음의 한구절이고 싶구나

아, 가을
눈 비비며 보고 또 봐도 지치지 않을

이 가을
눈빛 어른대는 환상에 젖어 낙엽 쓸리는
한시절의 이야기를 태우고 싶구나

아, 이 가을
사랑에 살다가 사랑에 빨갛게 죽어가고 싶구나

가을, 그 쓸쓸함

가을, 그 쓸쓸한 밤하늘에 달빛 토닥이면서
우리는 또 그렇게 실선에 출렁이는
가느다란 별의 길을 가야 한다

숙명을 말하는 사랑이 그러한 세월을 살아온 것처럼
산빛이 잔인하도록 붉어졌을 때 이별을 기억하는 것처럼
사람의 집들이 차츰 어두워지면
우리는 가을, 그 쓸쓸함으로
사랑의 무게를 들쳐업고 길을 가야 한다

에디띠피아프의 장미와 그의 젊은 연인이 그랬던 것처럼
우리는 사랑할 그 무엇도 없이
또 다른 시간의 서러움을 앞에 두고
바람의 손을 잡고 떠나야 하는 것이다

정원의 히아신스가 두눈 붉게 물들면
노을 속에서 피어난 모든 성야의 바위를 붙들고
또 그렇게 사랑에 울고
그리움에 목이 메어 가을을 한탄하면서
떠나야 한다

술잔에서 게워낸 별빛이 빛난다
외로움이 늑골부터 찰랑댄다
아그네스 발작
늙은 여배우의 낭만도 없는 노랫소리가 선창에서 목놓아 울 때
이 가을은 아프고, 고독하다

그러한 모든 것들이 사랑에 울면서
바다 위 서럽게 지나는 작은 목선에 기어오를 때
우리는 낙엽의 균질을 밟으며 떠나야 한다

아, 가을 눈뜨면 아프고, 눈감으면 그립다
아, 가을 낮게 깔리는 한구절의 시 속으로
사랑의 모든 서러움이 구슬처럼 빛난다

그러한 사랑에 울고
그러한 사랑에 고독하면서
늙고 병든 몸을 앞세워
별빛 가득한 이 가을 속으로 떠나야 한다

통곡

하늘을 보니 가을이 상심을 쓸면서 흩어집니다
무엇이라도 쏟아질 듯 하늘은 온통 눈물이 가득합니다

이런 가을날
낙엽이 먼발치에서 흔들리는 날
찻잔 가득 추억을 담아놓고
청초한 별빛 한 구절 그려보고 싶습니다

내 마음의 선을 따라서
가을을 노래했던 모든 시어(詩語)들을 모아다
우수수 떨어지는 낙엽 사이의 별처럼 뿌려 보고 싶습니다
내 몸을 덮고, 길게 흘러가는 구름 위에 앉아서
산마루에 걸린 토막난 계절의 허리쯤에 서서
그대를 그려보고 싶습니다

가을이 무척이나 깊게, 아프게 지나갑니다
이런 가을날
곤두선 갈댓잎 사이로 그저 강물이고 싶습니다

때로는 흐르도록 내버려 두는 것
아, 가을은 깊고도 아프게 스칩니다

문을 쾅쾅 때려 박고
골방에 숨어서
온 아픔을 쏟아내며
곡을 하고 싶습니다

아, 가을이여, 라고 소리치면서……

가을산

가을이 배가 잔뜩 부릅니다
슬픔도 먹고, 사랑도 먹고, 이별도 먹었습니다
형언할 수 없는 짓누름도 자유로움도
모두 가을의 치아 사이에 이를 쑤십니다
가을 단풍은 곧 산달이라고
깃대에 붉은색을 열어놓았습니다

또 누군가는 사랑을 시작하고
또 누군가는 이별을 기억할 것입니다
가을 산으로부터 바람이 강언덕의 바지랑이를 들락댑니다
허전하고 씁쓸한 가을밤은 화톳내 풍기며 문풍지 태우고
집앞으로 달려온 산경의 물길 첨벙거립니다

아, 가을산에 고운살결 붉어지면
양지에 턱 괴고 앉던 바위 등걸로
햇살이 엉덩이 까지도록 미끄럼 타고
석양이 잔뼈 굵어지면 눈흘긴 달빛에 목을 부여잡고
산새는 울어댑니다

유리알처럼 반질반질한 별빛은 늙은 감나무 엉덩이를 찰싹대고
귀밑머리 하얀 갈대는 강물에 물 한모금 적시고 요단강 건넙니다
가을이 배가 잔뜩 부릅니다

떡갈나무, 단풍나무, 오방색실에 춤추며 저승길 가고
배가 부른 가을은 단내 풍기며 풀숲에 앉아 똥을 눕니다
낙엽이 달려들어 앞가림을 하고
어느새 그리움만 가득 펼쳐놓습니다

아, 가을은 만상이 제각각인 색고운 이야기입니다

가을이구나

아, 가을이구나

찬 바람이 옷깃을 흔들어도 아, 가을이구나

아, 가을이구나
갈잎이 어둠을 이고 몸을 떨어도 아, 가을이구나

아, 가을이구나
겨울이 머지않아 두 손 비벼도 아, 아직은 가을이구나

아, 가을이구나
검은 산, 볏나락이 잘려나간 들판의 쓸쓸함
아, 가을은 그렇게 핏발세우며 노쇄해 지는구나

아, 가을이구나
살찐 나뭇잎에 영근 감알이 목부러지게 매달려 뼈마디 욱신거려도
아, 가을은 가을인 게구나

아, 가을이구나
별이 창창한 하늘, 파릿한 입술의 그대
아 가을은 그렇게 그대 대문앞에 두손 찔러넣은 채 서 있구나

가을은

가을은 울어야 한다
석별의 석양을 향해 가슴 뜨겁게 울어야 한다

가을은 슬퍼야 한다
찬란하게 떠오른 별빛 하나에도 가슴 시려야 한다

가을은 노래해야 한다
기러기떼 한없이 멀어진 창공처럼 노래해야 한다

가을은 쓸쓸해야 한다
불콰해진 단풍잎의 갈지자 걸음처럼 마음 흩어져야 한다

가을은 사랑해야 한다
시린 손끝의 마음으로 꾹꾹 눌러 사랑을 써야 한다

가을을 버리다

가을 낙엽 떨어지는 소리에 울어 본다
아주 떠날 것 같은 날
심각해진 하늘과 우울한 흥정을 했던날
변함없는 벗에게 던져버리고 펑펑 울고 싶다

진실하지 못했는가
허물은 없었는가
혹여라도 무언가 큰 기대가 있었는가
놓자, 이 가을 하늘처럼 푸르고 말리라
욕심 부리지 말자

사는 것의 완결은
질시 혹은 미움일 수도 있다
아프다 살 한점이 볕에 말려지는 듯 갈증도 대단하다
종종 걸음 쳤던 봄과 여름이 가을에 와서 아프다

때로는 슬프지 않았던 구름을 벗했고
그들로 아프던 시절을 위로 받았던
한순간을 잊지 않으리라

잘 가라, 나의 잡음 많은 가을이여!

가을을 보노라

가을볕에 노랗게 영글어 가는 초가이엉은
샛바람 안고 콧물 훌쩍이는데

뼈마디 탈탈 털어
먼지 벗긴 뭉게구름
산허리 반절 자름하여
오르락내리락 비지땀 흘리네

허리 품팔아 세월 버틴 주름진 들판의 새소리
양지에 몸 흔들며 낱알 파느라 정신없고

개여울에 앉아서 딴청 피우는 들국화
저 하늘 가린 은행잎에 씁쓸하게 미소 짓네

이 가을에는

이 가을에는 죽도록 그녀를 사랑하고 말테다

구절초 꽃잎에 별 하나 떨어져
별빛의 아우라에 다 삭는다 해도
이슬에 멎은 쇠뜨기 풀잎처럼 쓰러지지 않고
그녀를 꼭 사랑하고 말테다

이 가을에는 달빛 스러지는 강가에서
그녀와 틀림없이 입맞춤하고 말테다

밤을 걸어오는 바람 한점 그녀의 등 뒤에 세워놓고
탐스러운 감나무의 붉은 감빛 부끄러움을 버리고
그녀와 달빛 깔아놓고 꼭 입맞춤 하리라

이 가을에는 당신없이 더 이상 살 수 없다고
고백하고 말테다

수억광년을 흘러온 별빛 하나 다듬어 손가락에 끼워주고
가을 소야(消夜)에 첨벙거리는 옥빛 하늘의 눈물을 훔쳐다
그녀의 눈에 심어놓고 사랑한다, 말 하리라

이 가을에는 꼭 사랑하는 이에게
아름다운 시 한수 지어 주리라

방문 꼭 걸어닫고, 들창의 귀뚜라미 소리 불을 지펴
꺼지지 않는 조르쥬 무스타키의 음률을 더해
고독을 담아

내 생애 가장 아름다운 시 한수 지어 선물하리라

광주 월봉서원 마을 · 사진 김태식

무주 구천동에서

무주 구천동에 들었더니
가을이 옷을 벗고 살갗엔 붉은 물 뿌려 놓았네

향적봉 가는 길이라
전작에 취한 서늘한 바람 놓고 멱을 감더니 부르르 몸을 떠네

하늘이라 밤은 깊고 별은 아삭거리는데
노구의 스님은 험한 길 배웅하며 목이 타네

떠나온들 늘 그 자리
지나온들 같은 계절 가을이니
어느덧 겨우살이 진저리 치는데

어둠은 바위를 밀듯 무겁게 길 채근하니
으스스 겨울은 이미 골짜기마다 자리 폈네

안성 봉업사지 · 사진 김태식

비가 온다

거친 손 매듭 굵은 힘줄을 흐른 어느 여름 날
좌판을 가렸던 차일에
늙음과 노쇠의 가을에게 몸을 맡긴 비가 온다

한번도 옆에 두지 못한 애절한 가을의 사랑
태양의 날 어둔 실밥을 뜯어 눈물 흘리던
그런 비가 온다

촉촉히 젖은 대지
첫사랑을 기억하게 하는 낭랑한 빗소리
아, 진하게 술 한잔하고
손끝으로 피를 뽑듯
글 한줄에 취해 멍해지는 날
비가 온다

비에 물든 엉겅퀴는 씨줄조차 날리지 못한 전설이 되고
시선은 비를 향해 목놓아 조지 마이클을 토하는데
비는 들창에서 기웃댄다

아, 술도 음악도
전설이었던 청춘의 사랑도
모두 젖어 축축하다
구멍난 신발밑창으로 가을이 스미고 있다

겨울채비

헐벗어야 가을은 제 맛이다
다 벗어주고 떠나야 늦가을다운 법이다

사랑했을 날 그 뜨거움도 놓아 버리고
실핏줄 튀긴 첫눈의 간음에도
바람의 실밥 뜯으며 가슴에 쌓아야 한다

아, 두려워 마라
어느 골 숨겨진 가을의 초상
담대한 사형의 날

담대히 죽어가라

4. 마음에 부서지지 않는 별빛을 향하다

선산 도리사 송림 · 사진 김태식

소나무

나는 한 그루의 소나무가 되련다

독야청청
바람에 흔들려도 푸른잎 떨구지 않는
결기를 가지고 살련다

비바람의 질투에도 하늘만 바라고
푸른 날의 굵은 핏기를 잃지 않는
소나무처럼 살련다

가끔 달빛이 놀다가고
별빛 욱신거리는
영롱한 밤하늘의 견골 되어
산새에게 어깨 내어주는
넉넉한 소나무가 되련다

천년 노송 대들보가 되어
은혜 하듯이
의절의 충절로 온 산을 지켜
지기성으로 한 사랑을 잇는
소나무처럼 그대를 지키련다

목성으로 가리라

나는 그녀의 손을잡고 목성으로 가려 한다
우주에 깔아놓은 은하수를 마차에 가득 실어
목성으로 가려 한다

별빛 그늘진 새벽
때로는 지구의 모든 것들이 너무 작아 보였기에
태양계 가장 큰 행성인 목성으로 가려 한다

대적반의 아름다운 홍수 속에 상심을 녹이고
그리워할 것 없는 무망한 목성으로 가려 한다
타원형의 안개속에 빛나는 눈동자처럼 반짝이는
목성으로 가려 한다

무중력의 항체로부터 자유롭고 싶어서
무결점의 순수를 향해 떠나련다
지상의 모든 것으로부터 빗장 닫아걸고
가장 춥고 외로운 대지를 향해 떠나련다

은빛 은하수길 따라서
길고 긴 항해를 시작하련다
밤새 쓰고, 사색한 모든 것들이
허망한 지향이라는 사실을 알기전에 어디론가 떠나야 한다면
나는 목성으로 가려 한다

죽은 고양이 사체가
새벽 부글거리는 여명에 타들어 가는
이 지상의 모든 이기적 몸살과 상실의 시대에
창조주의 거룩한 뜻이 배제된
목성으로 가려 한다

익산 제석사지 · 사진 김태식

잠들지 않으리라
수만년동안 오로지 우주속 작은 먼지되어
떠돌더라도
욕망에 현혹된 이 지구를 버리고
목성으로 가려 한다

아, 목성으로 가려 한다
아, 목성으로 가려 한다

지독한 관습과 어줍지 않은 인간성을 버리고
모든 애욕의 사슬 끊고
순수한 대지
목성으로 가려 한다

한번

한번 찾아오는 날이고 싶다

손끝으로 가을을 적신
한번 찾아오는 낙조이고 싶다
그리움에 잇몸살 앓는 꽃으로
한번 찾아오는 밤의 설렘이고 싶다

계절의 뒷모습에 옹졸하지 않는
한번 찾아오는 새파란 별이고 싶다
뜨겁던 날
한번 찾아오는 쓸쓸한 어둠이고 싶다

사랑 그 짓지못한 시 한수로
한번 찾아오는 그대이고 싶다

이 가을 붉은 들에
한번 찾아오는 숨소리로 그대와 나의 가을이야기이고 싶다

그대 입술

찬 들꽃 노랗게 익어가는 가을날
산염에 붉어지는
그대 입술이 되련다

들창을 기웃대는 가을 달빛으로 물든
나의 볼에 입을 맞추는
그대 입술이 되련다

사랑 두 글자를 입술에 그려놓고
나의 가슴에서 작은 숨소리를 찍어대는
그대 입술이 되련다

아, 비련의 주인공이 연주하는
허공의 찬바람을 촉촉하게 적셔
정열의 입맞춤하는
그대 입술이 되련다

물빛에 가라앉은
산경의 아름다운 조각들을 손바닥에 올려놓고
천상의 소리로 가을날을 노래하는
그대 입술이 되련다

영원한 별로 삶을 지탱하고
바다에서 춤을 추며 가을사랑 물어다 주는 갈매기 되어
밤새 울음소리로
그대 그리워하는 입술이 되련다

심장을 파내고
파고 파도 마르지 않는 그리움으로
그대 삶의 상실을 모조리 지워버리는
그대 입술이 되련다

비망록

저 늦가을의 황혼처럼 뼈가 시릴지도 모릅니다
아파서 온몸의 살이 떨릴지도 모르지요
깊은밤 달빛이 가슴의 심장을 탐낼지도 모르지요
하지만 손을 놓을 수 없음이 더 깊은 상처라는 걸
그대는 아실런지요

가슴이 더없이 깊어졌을 때
상심을 썼던 모든 글귀들을 지우고
하나 둘 별에게 삶의 허무를 말하면서
또 하루를 그렇게 보내야 함을 아실런지요

뜨겁던 날도
더불어 가슴 깊던 우울의 날도
더이상 쓸 수 없는 글 한줄로
당신의 삶을 보태는 심정을 아실런지요

살이 아릴 정도로 하루가 슬픕니다
좁디 좁은 이 삶의 누더기 판에서
나를 건져낼 수 있는 빛 하나
오로지 그대라 부르고 싶습니다

뼈가 부수어지는 듯 힘겹습니다
허망한 바람에도
나를 버틸 수 있는 유일한 출구는
당신에게서 찾을 수 있음이
그대가 부르는 내 삶의 슬픈 비망을 향한 노래입니다

바람 부는 날

바람 부는 날 골방에 앉아
사랑하는 사람에게 뜨거움의 글을 쓴다

단정할 것 없는 서툰 마음에도 온기를 잃지 않고
찻잔에 글 한줄 따스하게 녹여 사랑을 쓴다
죽어가고 있는 발자국 사이
생명이 꿈틀대는 거룩한 교차의 시간을 붙들고
회색 벽면의 햇살 한줄기 붙들어
영혼을 씻어내리는 글을 쓴다

바람 부는 날
푸른빛의 밤하늘과 산자락으로부터 들려오는
숱한 소음의 밀회와 그 불온한 갈등을 녹여
표차없는 글 한줄 쓴다

손가락 사이 등고선의 깊은 자국을
쿡쿡 눌러 글 한줄 쓰노라면
그리움을 노래하는 별빛에 스러져오는 무심한 바람소리가
등만 커다란 문살을 지고 찻잔으로 스며 별빛 잠재울 때
한숨소리 깊은 시름을 기억하는 누군가를 또박또박 적어나간다

아, 사랑하는 마음으로 살아야지
입술 촉촉하게 적시는 아름다운 말로
그대 가슴에 별이 되어야지
눈밭에 누군가 찍어놓고 간 발자국 사이에
응달의 아픔을 아는 견딤의 사랑을 해야지

바람 부는 날, 시린 코끝의 호흡소리로
그대 숨소리 찾아 나서야지
그리고 눈밭에 한없이 떨어지는
그대 그리움을 마셔야지
낭랑하게 들려오는 그대 떨림에
깊은 선율로 답해야지

바람 부는 날, 별빛 뚝뚝 떨어지는 창가에 기대어
사랑하는 사람에게 글을 쓴다

거리는 모두 잠들었고
집 앞 강물에는 바람이 볼을 스치고
그런 날에는 눈 딱감고 사랑을 쓴다
살아있는 모든 생명의 이해를 다해서
손바닥 지문이 다 해지도록 글을 쓴다

논다

바람 곱던 날
햇살 한 자락
꽃 물고 하늘 논다

노을 가득 채운 잔
술 한잔 춤추며
불야성의 바다가 논다

그리움 그립고 그리워
심장의 손가락
별만 찔러 본다

눈뜸의 진리

한순간도 쉬지않고 뜨겁게 살라

불꽃인 듯 살라

몸 태워 혼신을 써라

그릇된 마음을 버리고 불타라

지독한 고통이 떠나면
새벽 걸음 순결한 태양에 서리니

아, 늙어 주름진 그날이 오면
모든 삶의 파동이 진정으로 느껴질 터

그 진실에 타는 죽음으로
사라 없어지리라

별

꽃으로도 내이지 않으리라

붉은 밤
생살을 찢는 그리움으로도 기억하지 않으리라

저 강으로 추락하는 교교한 달빛의 입술이
숨소리죽여 괴테의 시를 깔아 놓더라도
그대밤의 실루엣이기를 주저하지 않으리라

창문너머 반듯한 성애로 순결의 약속을 고하니
강 언덕에 둘러앉은 태고적 바람의 어깨를 빌려 낮게 흔들리리라

천년을 달구다 한순간에 꺼져가는 생명일지라도
살이 타는듯한 서러움의 눈물을 탓하지 않고
눈빛 걸어놓은 저 별빛에게 사랑을 갈망하리니
오직 내 별의 영롱한 빛으로 이 생명 다하도록 그대임을

쓰고 또 쓰다 죽어 가리라

꽃

꽃이 되련다

실선의 눈썹을 긋고
입술로는 여명을 적셔
쉼없는 열망으로
가을의 코스모스 되련다

저 황토색 대지의
허리에 감겨
살랑거리는 구름에 젖고
그리움 콕 찍어
한 송이 한 송이
글에 담근 꽃이 되련다

꽃이 되련다

모두 잠들어 홀로 눈뜨고
살갗의 순결을 불러일으켜
그대 창 밑 숨소리로
진정한 순백의 몸짓으로

가을의 손걸음
코스모스 되련다

별처럼

저 하늘이 눈물일 때를 아는 것은
외로운 밤을 홀로 빛나는 별이 아픈 것

유성이 강둑으로 떨어져 흩어질 때
강물은 작렬하는 별빛에 더욱 슬픈 것

시간을 남기지 않는 그리움 버티는 것은
별을 기다리는 애태움과 같은 것

사랑하리라, 사랑하리라!
별처럼 몸을 태워 빛나는 이유처럼

뜨거움

굵은 땀방울이 뼛속까지 적시지만
이 뜨거운 날을 사랑해야 한다
청춘의 날
고욤나무 아래 이별과 입맞춤했던 슬픔을 뜨겁게 기억하는 만큼
이 뜨거움을 사랑해야 한다

안부의 글자색 하나 모두 붉어졌던
가슴 쓰린날의 기억을 다 태워버릴 만큼
뜨거워야 한다

쏟아지는 햇살, 그 붉은 골목길로
눈물과 땀방울 범벅이 되어 내달렸던
이별의 출구를 끌어안고 살아가려면
더 뜨거워야 하리라

다 토해내고도 찌꺼기 남은 세월과
정자 그늘 아래에서
강둑의 파릇한 풀과 잔잔한 강물의 수연을 사심없이 바라보려면
이 시간의 뜨거움은 묘약이리니
뒷머리 흔들며 여유로운 자작나무처럼 버텨내야 하리라

강물에 발 담그고 물수제비 뜨던 날
햇살에 은사시 빛났던 긴 생머리카락
모래사장에 나란히 어깨 기대고 한없이 걸었던
그 어떤 뜨거움보다 뜨거웠던 날을 지우려면
소망의 날인 듯 뜨거워야 하리라

아, 이 뜨거움이 지나고
만산이 붉은빛으로 물들어 가면
그 한 잎에 곱게 적은 안부를 가슴에 묻고
또 묻어가면서 늙어 가리니
늙음의 한자리에 오롯이 남아있을
뜨거운 상자를 꺼내보며
그리움 짙은 갈색을 채색하려면
이 여름은 더욱 뜨거워야 하리라

아침

창으로 햇살이 엷은 막을 펼치며 어중간하게 떨어진다
이부자리는 제멋대로 발길에 채여 나갔다
날은 덥고 코끝은 싸하다
몸이 제자리에서도 활기를 펴지 못하고 축 늘어진다
말끔하지 못한 여름날 아침이다
이런 아침은 낯설기만 하다

자명종 소리에 놀라 눈을 떴지만 다시 감기고 만다
목 안이 칼칼하다
예의 유통기한이 언젠지 모를 먼지 가득한 약봉지를 찾는다
문득 입안으로 털어 넣을까, 생각하다가
저절로 입안에 털어넣고 만다

이런 날은 그대가 보고 싶다
무작정 시 한소절 자동차에 주렁주렁 매달고
그대에게 달려가고 싶다
햇살이 치미는 붉은 강을 지나고
타는 듯 짜증과 입씨름하면서도
오로지 그대의 하늘에 닿고 싶다

소나무밑 정자에서 콩국수 한그릇 말아서
그대의 목소리에 담기는 상상을 하면서
시원한 개울물로 옹색한 더위를 달랑 들어
멀리 던지고 말겠다는 결연한 의지도 불태우면서
오늘 그대에게 가리라

짜증 가득한 날 그대 눈빛에 위로받고 싶다

나는 거미가 되련다

나는 거미가 되련다

그대 향한 씨 굵은 줄을 뽑아서 염원의 그물을 짜고
흰색 선으로 촘촘히 시를 쓰는 거미가 되련다

어둠에도 그대 가는 길 다리를 놓고
그 위에 그리움의 향기로 널을 띄워
고단을 잊고 영원의 끝도 모르는 거미가 되련다

밤 별로 씨줄 걸린 꽃술에
이슬처럼 순결한 사랑의 방울을 얼개 엮어놓고
입맞춤했던 추억을 기어가는 거미가 되련다

앙망의 날 사랑뿐
모든 줄에 걸린 뭇생명을 가지치기 하는
그 숙연함으로 한길만 애욕하는 거미가 되련다

아, 달빛에도 유혹 당하지 않고
처마 밑 숨소리에도 단장의 칼처럼 묵묵히 덧댄 낱말을 지우며
사랑만 향하는 거미가 되련다

강화 정수사 · 사진 김태식

첫날

난 누군가에게 떼까치 울음소리처럼
호들갑스럽지 않은 호젓한 첫날이고 싶다
방정스레 웃지 않아도
은은한 향기를 눈동자에 담아 놓고
박리한 듯 맑고 촉촉한 아침 이슬이고 싶다

부드럽게 흔들리는 햇살 밑
작은 그늘에 앉아 삽화를 그리고
삽화 속 전경과 산과 정원의 분꽃이
늘 첫날처럼 설렜으면 싶다

너무 익숙한 듯 바라보는 것은
멀리 달아나버린 바람과 같아 나를 잊을 수 있는 것
난 그렇게 익숙해져
사소한 조심성도 없는 오래됨이 싫어
누군가에게 늘 첫날이고 싶다

커피 잔 위 빙그레 도는 향기도
첫 눈빛이 하늘빛에 담겨 쑥스러운 듯
새순 내미는 나뭇잎처럼 늘 새롭고 싶다

난 전날의 안부를 정중히 묻는 첫날이고 싶다
지나온 기억의 모든 시련으로부터 새 옷을 입혀주는 첫날

그 첫날에 만나는 모든 사람에게
눈동자 고요히 담아놓고
늘 새롭게 기억하는 사랑이고
늘 다시 시작될 사랑이라고
거룩히 고백하는 첫날이고 싶다

외로움

외로우면
밤하늘의 별에게 따스한 글 한줄 써라
열린 창틈으로
살며시 다가서는 바람소리 원고지 삼아
찻잔에 수북히 담긴 눈물의 밤을 녹여
입술 적셔가며
별빛의 사랑을 써라

죽음보다 더 깊은 외로움이 떠남을 말하면
낡은 외투의 단추를 꿰면서 별빛을 보라
광야에 서 있든, 강물에 잠겼든
그 빛으로 홀로 우는 별빛을 이정표 삼아
그대가 써놓은 글귀의 새벽을 보라

외로우면
집 앞 나뭇잎의 잔상이 그려놓은 시름을 잘 펼쳐놓고
흘러온 시간의 읍소를 노래하라
어깨 가득 짊어진 륙색 가방
어느 밝은 곳에서 풀어 놓을
네 사랑의 상심한 미소를 상상하며
새벽, 그 길을 별빛 앞세워 떠나라

가을밤

나는 별을 본다
눈에 부시는 가을의 첫걸음을 살피면서
나는 별을 본다

변온의 물 색깔
마니산 자락의 푸름에 깔리는
저 하늘의 하프 연주
가을밤의 첫경험을 노래하는
별을 본다

나는 별을 본다
들판으로 굵게 떨어지는
인근 마을의 개짖는 소리처럼
어둠속을 한없이 짖어대는
아득한 별을 본다

뜨거운 것은 비단 여름의 바람만이 아니다
살포시 다가오는 총총한 가을의 별빛
그 바람에 떨리는 풀잎의 속삭임

아, 나는 가을의 별을 본다

새

새가 되리라
실눈을 긋고 도회하는 허공
고저를 가르는 햇살의 등에 올라타
나는 무한한 구름속으로 날아오르는 새가 되련다

새가 되리라
저 지상의 평균대에 올라서
가슴 뛰던 분개와 아슬함을 버리고
창공을 자유롭게 휘저어
더없는 푸름으로 흰살결조차 박락되어 가는 새가 되리라

새가 되리라
육신의 뼈를 버리고
가벼운 바람을 벗 삼아
하늘을 떠다니는 새가 되어
그대 아우라 속을 날아 가리라

새가 되리라
뜨거운 열정의 날을 쪼아서 백야의 하늘에 성을 쌓고
밤하늘 은하수로 울타리를 만들어
그대 잠든 머리맡에 날개를 접는 새가 되리라

새가 되리라
붉은 입술의 반듯한 선으로 강물을 찍어
촉촉한 눈물이 새벽이슬로 번지는
순결한 고집을 온 날개에 매달고
그대 향하는 하늘을나는 새가 되리라

강진 차밭 · 사진 김태식

시인

나는 시인이 아니다
나는 단지 햇살을 쓸 뿐이다
가끔 바람을 손가락에 모아서
가슴의 뜨거움을 가라앉힐 뿐이다

나는 시인이 아니다
나는 단지 사랑을 쓸 뿐이다
늘 두고온 세월의 뒷골목에 잊었던
상실의 사랑에 대하여 이야기할 뿐이다

나는 시인이 아니다
나는 단지 별의 선율을 쓸 뿐이다
지루하지 않은 들풀에 숨어있는 어둠의 빛을 그릴 뿐이다

나는 시인이 아니다
나는 단지 숨소리를 쓸 뿐이다
하늘의 새근거리는 구름의 나직함과
정당한 색의 산을 채색하는 붓을 들었을 뿐이다

나는 시인이 아니다
나는 단지 내 가슴을 썼을 뿐이다
한때 우울했던 날의 기억을
졸렬함으로 남기지 않기위해 가슴을 토했을 뿐이다

나는 시인이 아니다
나는 단지 사람을 썼을 뿐이다

부여 궁남지 · 사진 김태식

어린 별에게 쓰다

모든 것은 낙망이다
너와 나의 짧은 만남도, 입술의 꽃잎되어 떨렸던 날도
가슴치며 통곡해 봐도
그 짧은 시간 허공에 맴돌았던 숨소리 물에 젖었다

이제 언제 웃을 것인가

웃음은 영영 삶에 없다
영혼없는 눈빛으로 허공을 바라보다
무릎을 꺾으며
낙양처럼 사위어갈 뿐이다

만개한 청춘의 날도 오지 않았다
풀빛 계절의 사랑 따위도 저버렸다
인연의 손목 걸고 볼에 입 맞추던 날도
초롱초롱 달빛에 사선을 그었다

침몰한 영혼을 붙들고
실핏줄 더듬어가며
천년을 기다리니

꽃되고 별되어 떠올라라

어느 날 밤하늘에서 너를 찾아내리라

은하수

그리움은 날다 지치면 노을을 향해 눕고
푸른 별 저 자줏빛 강에 살 벗어 놓았다
여울에 자리 편 작은새 울며 어미 찾는데
별은 은하수 뿌려 새소리에 곤히 잠든다

우리 그토록, 아름다워라

작은 창, 노을빛 물든 언덕 그리고 마주한 눈동자
정원의 수선화 시절을 잊고 흔들릴 때
우리는 창공처럼 푸르게 늙어 가리라

검은 밤 담밑을 기어 세상사가 가시나무처럼 살을 찢어도
우리 그토록 아름다운 초록에 살았으니
겨울 호숫가 지치도록 아름다운 별이
머리 위에 이밥처럼 뭉게뭉게 흘러갈 때
내 손에 들려진 별자리를 가슴에 품었더라

여름 날 홍수가 덮쳐도 삶의 손을 놓지 않았고
때로는 절망의 날이 핏줄을 적셔도
플라타너스 나무 이파리가 흔들리던 교정을 잊지 않았으니
우울한 극장의 후미진 자리에 숨어서
젖은 빵을 씹었을 때에도
하늘의 별을 그리워했고
그래서 더욱 아름다웠을……
숨바꼭질 소녀의 손가락 사이 푸른빛을 애도하노라

야, 저것 봐, 하늘이 내 손가락 사이에 물감을 칠해놨네

그러한 내가 알던 소녀는
이제 무지개를 따라서 떠났고
그 길에 코스모스 아름다웠어라

꾸들꾸들한 똥덩어리 가운데
쪼그리고 앉아서 미간을 옹색하게 했던
늙은 쥐의 회색털에 놀랐던 그 어린시절
여름날의 우수가 대청마루에 누워
끝도 없던 미루나무처럼 심각했어도
아 나 그 시절 청청한 하늘빛살을 잊지 못 하노니
책갈피 속 은은했던 첫사랑은 소주 한잔의 추억이 되어
흩날리던 겨울눈처럼 이지러지리라

나 이제 늙어 가리니
그래도 고운빛에 물들고 싶어라

새벽 부얼거리는 황토를 밟고 지나가는
우마차 휩쓸리고 나면 일어나는 먼지처럼
흙먼지 고운결에 나를 빚어 주름을 만들고
헛기침에 쇠잔을 만들고, 불편한 다리를 만들어 절룩거리리라

그래서 아름답고 싶어라
텃밭에 심드렁하게 갈겨댔던 오줌줄기
그곳에 내려앉는 아침 햇살처럼 나의 유년으로 달려가
나의 늙음을 늘어놓고
산을 굽어보며 소리 치리라

아, 첫사랑 숨바꼭질
그 시절은 늙어가는 삶의 마지막 박동이라고

이슬처럼 고운 흰구름 멀어질 때
나 또한 하늘의 소슬한 바람이되어 나의 유년을 기억하노라!

잊는다는 것

사는 것은 잊어가는 것이다

청춘의 날을 잊고
시련의 상처를 잊고
불면의 어둠을 잊고
미래를 기억하기 위한 저장고
추억에 놓아두어야 한다

아름다운 꽃말에 쓰는 인생은
과거를 비워야 채울 수 있다

사랑하는 사람을 위해
사랑했던 사람을 잊어야 하고
비록 가을이 화려했을지언정
미래의 겨울에 손내밀기 위해

잊어야 하리라. 기필코!

별의 푸른 손을 본다

가슴 떨리게 상심을 훑고 지나간 추억
낙엽 한 장으로 써내린 지독한 사랑
아, 노을에 살갗파낸 그 허망한 눈물의 영롱함
오로지 그대 눈동자 속에 빛나던 한때의 날은
쓸어버린 먼지가되어 푸른 별의 손가락 사이로 숨어버렸지

별의 푸른 손을 본다

하늘의 별이여
그 전설을 전하기에
그것은 바로 애증의 불편한 날을 살았던 '사랑'의 처절한 상처
그 이데아 같았음에
눈먼 사랑과 '하고이타(목각인형)'의 불편한 영혼을
푸른 별의 손가락으로 후벼 파는 상처가 그랬지

별의 푸른 손을 본다

우리는 모두 긴 하루의 한 토막에서
수심한 별을 살피면서 행운의 날을 고대하지
낙심의 날에 만났던 수은등 아래 그 여린 소녀
술과 그리고 벗겨진 살덩이
그곳을 파고드는 푸른 손의 별에게 강간당하는 그 아픔을 잊지 못하지

별의 푸른 손을 본다

대지에서는 꽃이 놀고
하늘에서는 바람이 놀지
때로는 새하얀 얼굴의 사랑이 놀고
때로는 죽은 영혼이 푸른 별의 손가락 사이에서 빛날 때
두손 모은 간절함에 뺨을 치면서
유리알처럼 반질거리는 창에 달라붙어 안식을 희롱하지

별의 푸른 손을 본다

항일암의 그 아스라한 밤하늘
바람처럼 몰려다니는 후회의 날
별이 되어버린 사랑
그래서 점점이, 점점이, 점점이
바이런의 시 한 소절
괴테의 보들레르
그래서 더욱 강렬하게, 강렬하게
푸른 손의 별은 목을 조르곤 하지

별의 푸른 손을 본다

망각의 날
잊어야 하는 모든 것들을 집어삼키고 있다가
되새김질 시키는 오묘한 저 난장의 푸른 손이 특별해질 때
특별한 자살을 꿈꾸며
한강 교각에 흘러가는 어떤 영혼의 뒤를 따르는 것
그래서 별은 자살을 꿈꾸게 하지

별의 여행

아, 잊을 수 없는 은빛별에 잠들었던 날
찻잔의 향이 고독해질 때
별은 나선의 방점을 찍으며
사랑을 버리고
거룩한 여행을 하리라

논산 쌍계사 대웅전 · 사진 김태식

당신의 노을을 보노라

황금빛 나신의 헐벗음을
금자의 심장, 저 바닥의 끌어당김을 이야기하노라
전설의 강을건너 전사의 협곡을 지나는 태양의 후예여
갈퀴처럼 손을뻗어 그녀의 머리카락을 휩쓸고 지날 때
사랑은 또다른 선율되어 하늘의 현을 넘나들리라

당신의 노을을 보노라
태양의 풍만한 젖가슴에 위선의 사랑을 핥지마라
그처럼 아름다운 이야기를 시작할 때
숨죽인 바람처럼 갓길에 멈춰선 선망의 눈동자를 보노라

그대의 태양이여!
내 고독의 불빛이여!
저 노을에 태양의 주검을 볼 때
하늘의 별빛은 애성의 강에 떨어져 자맥질 할 것이다

당신의 노을을 보노라
포도송이처럼 적광의 하늘이 열릴 때
별은 새끼들을 몰고나와 목동의 피리소리에 뜀질 하리니
당신의 노을은 문득, 고독감과 외로움으로 성야를 이루리라

아, 그것은 허공인 양 사라지지만
하루를 살아가는'사랑'이 영글어가는 참됨이다

논산 관촉사 은진미륵 · 사진 김태식

5. 겨울의 끝없는 발자국을 따라가다

소원이 있다면

나에게 소원이 있다면
그대와 같이 걸어가는 것입니다
그 길 볕이 들지 않더라도
그대 눈빛으로 환해지는 길을 가는 것입니다

겨울 초입의 스산한 낙엽길
코발트빛 하늘을 깔아놓고 뜨겁게 걸어가는 것입니다
잔설이 쓸리는 길에
발자국 네개를 완곡하게 찍어가면서 걸어가는 것입니다

언덕을 넘어가면서
핏빛 노을로
주름진 삶의 외로움을 물들이며
둘이 걸어가는 것입니다
바람이 바짓단에 걸려도 넘어지지 않는
운명의 끈으로 서로를 결박하며 걸어가는 것입니다

앞을 볼 수 없는 어둠이 길을 막아도
가시나무에 눈을 찔려도
체취만으로도 그대 따라서 길을 가는 것입니다

때로는 별이 떨어지는 하늘
푸른 벨벳의 아우라에도 멈칫거리지 않고
용기 있게 길을 가는 것입니다

나에게 소원이 있다면
세상사 뒷전에 물리고 그대와 함께 살아보는 것입니다
산 밑 수북하게 쌓인 눈길에 가로지른 길을 만들고
그대와 하늘의 별을 보는 것입니다

호박나무 위 겨울새에게 안부를 전하고
문지방에 앉아서 차 한잔하며
차 향을 친구 삼아 그대 무릎에 내 삶의 죽음을 입맞춤하는 것입니다

아, 이 겨울
그 춥던 날을 모조리 펴내고
그대가 따스한 봄날을 맞이할 때까지
내 마지막 온기로 그대 가슴에 불꽃이기를
내 삶의 소원이었으면 하는 것입니다

꽃에게 하는 말

당신이 꽃이었으면 합니다
강둑에 홀로 피어난 겨울꽃이었으면 합니다

햇살이 길가다 바람을 앉혀놓고 허리 흔들어
달빛에 샛노란 달무리 가라앉혀
사랑을 부르는 겨울꽃이었으면 합니다

한중에도 별빛 입술에 물고
처연한 찬서리에도 의연함을 잃지않는 꽃이었으면 합니다

아, 인생 인고의 날을 지내고
입술에 엷은 꽃잎으로
내 사랑을 마음껏 써내린 꽃이었으면 합니다

겨울밤 1

겨울바람 창틀에 앉아서 그리움의 살갗을 벗기고
붉은 생살은 온 밤 차향에 몸을 녹이는데
아, 별이야, 사랑이야
두 줄기 뺨에 길게 흐르는 눈물이어라

마음을 두동강 내는 그대 향한 홀로 부르는 노래
선율의 잇살마다 달빛에 슬픔이 감겨오고
아, 외로움이여 사랑이여
멀리 산새소리 내 숨소리되어 울어 대어라

다 헐어버린 가을빛 강물에 늙은 몸 적시는데
내 눈빛은 앙상함에 서러워
멀어지는 늦가을을 가슴에 품어보는데
아, 서러워라 내 사랑이여

한없이 파고드는 이 미련한 독백은 닿을 길 없어라

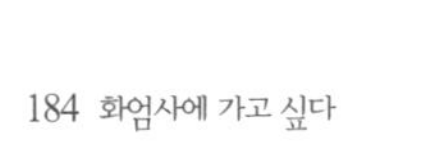

청도 운문사 · 사진 김태식

겨울밤 2

겨울밤은 깊어라

은하수 눈빛 퍼담아 바라보는
겨울밤은 깊어라

하늘빛 웅크리고 겨울 꽃대롱에 맺힌 서릿발 같은
그리움은 깊어라

붉은 드레스 입고 나앉은
색바랜 늦가을의 목젖도
한없이 깊어라

내 마음 반짝반짝 뒤흔드는
별빛도 깊어라

춥디추운 창가에서
풀죽은 찻잔의 다향에 흐르는
맨손을 떠도는 잔망한 바람도
그대 생각에 깊어라

햇살

햇살이 비행을 한다
고도를 다 끌어안고
엔진의 낯선 부표를 달고 햇살은 기항한다

알아들을 수 없는 기호를 관통하여
곤충의 침샘에서 흘러나온 독처럼
파릿한 기류의 밀도를 조이거나 풀어가며
햇살은 날아오른다

구름은 악어의 이빨을 벌려 햇살을 삼킨다
검은 내장 속으로 한없이 파고드는
죽지 않으려면 쾌속 주행뿐이다

햇살은 끊어진 핏줄에서 쏟아낸 붉은 깃발을 흔들고
벽두부터 늘 그래온 질주뿐이다

햇살은 기항한다
백야의 무중에서 사뿐히 날아오른다
무서운 속도로……

눈이 오는 날

눈이 오는 날
모현의 외대에서 그리움의 살결을 본다
아름다운 순백의 포자에
오감을 쓸어내리는
눈꽃을 본다

아, 깊은 밤
묵음에 가라앉아서
늘 그렸던 동화속 세상이
붉은 동선에 타오르는 저 메타세콰이어 길
그 길에 순백을 본다

한켠에 땟국물 벗겨지듯 솟아나는
별빛이라, 사랑이어라
백야의 순결을 숨쉬며 명명의 순간을 위해
눈꽃의 파열을 본다

눈밭에 누워 길게 흐르는
저 열정의 붉음으로 눈길을 밟아
내 사랑에게 가려니
밤새 발자국 찍으리라

눈송이

한밤중 너를 쓰다가 찻잔을 들고
하늘의 꿈결같은 흰눈을 본다
멀리 산잔등으로부터 외로운 산새의 깃털인 양
꽃대 모낭의 숨결인 양, 그리움 실어 나르는 함박눈
별빛의 가슴 깊숙한 골을 긁어댄 은빛 날가루가
스산하게 쓴맛되어 흩어진다

창문에 매달려 난산의 그리움을 낳고 죽어가는 저 눈송이
우수수 흔들리는 저 파릿한 생사를 분간할 수 없는 아우라
내 몸이 꽁꽁 얼어
더 이상 핏줄로 흐르지 못하는 강물의 견고한 얼음 위로
달빛은 설야의 전설이 되어 휘몰아친다

운명의 한때를 살았던 이 고독감과 전율할 듯 밀려드는 상심들
흰도화지 위를 기록하는 애증의 무색함
이 계절에 죽어가는 만파식적의 눈송이에 가라앉은 피리소리로
그대 밤의 수문장이 되려니

아, 이 눈송이 속 영원히 썩지않는 그리움은
하늘의 별처럼 네 몸에 스미고 가슴에 떠오르라

눈길에서

오늘 그대는 무망의 눈길에 펼쳐진
흰눈입니다
손을 뻗어 닿을 수 없는
백야의 순결입니다

산골의 저 바람에도 씻어지지 않는
순백의 사랑입니다
춥고, 가슴 아픈
쓰린 대지에 반추하는 눈발이 쏟아낸 날것입니다

그저 한겹 위에 춤추듯 노래하는
이 겨울의 연가입니다
그대, 슬픈 듯 떨리는 목소리로 울고 있는
갸륵한 그리움입니다

놀란 듯 그대 순결에 발자국 찍었던
제 용기입니다
새초롬 겨울을 애절하게 부르는
비올레타입니다

아, 행복한 입김으로
이 겨울을 씁니다

외투깃 올리고
기침을 쿨럭이면서
이 겨울의 그대를 걸어갑니다

기다림

진지하게 봄을 기다린다
떨어지는 별에 입술 찍어 바르고
사각거리는 대지를 박차며
솟아오를 새싹의 옹알이를 기다린다

텃밭의 꽝꽝 얼어버린 얼음밑에서 목젖을 내밀고
내 사랑하는 이의 발등을 쿡 찌르는 햇살의 동무되어
찾아올 봄을 기다린다

화진포 모래사장의 금빛모래가 젖은 머리카락 털면서
한가로운 봄볕에 솔밭을 거닐며
눈인사하는 그런 봄을 기다린다

내 기다림의 곡간에 차고 넘치는 물소리 박박 씻어
순백의 결정체 은사시 빛나는
들판의 봄을 기다린다

어쩌면 종아리 쭉 타고 오르는
땅속의 발가락에 토실토실 살오른
순한 얼굴의 봄을 기다리는 까닭은
이 겨울의 지독한 그리움을 지나가고 있기 때문이리라

소회

겨울아 커피 한잔 마시자
밤새 고드름 열린 초가에서 얼마나 떨었느냐
반겨줄 달빛도 없고
네 몸을 안아줄 황진이도 없거늘

무엇이 그리워 하늘땅 열어 찾았느냐
산 밤 떨어진 가을모가지 길게 늘인
노을빛 타고 푸르렀던 물결에 성애 뿌리며
등짝 후리는 바람을 안고 왔구나

겨울아 아랫목에 손 녹이고 커피 한잔 하자
그래야 한계절 나는 법
아, 가끔은 너의 속눈썹 아름다운 날을 끔벅이기를
일회용 커피 한잔으로 달래노니

아랫목에 누워 옷가지 훌훌 벗고 사랑 한번 하자꾸나

빗방울

빗방울이 쏟아진다
하염없이 거리를 쏘다니는 저 우중충한 물안개
아, 눈동자 밑에서 소슬하게 불어 대는 바람
빗방울이 아기눈되어 불어온다

눈짓으로도 봄은 이미 턱밑에 왔건만
늙은 감나무에 힘들게 매달린 산새 한마리
깃 세우고 먼산 바라보는데
아, 빗방울은 창문에 빗금을 박으며 눈물되어 흐른다

보고싶다
누군가 애타게 보고싶다
저 빗방울처럼 스며들어 한밤 지새면
봄은 이미 와 있었을 텐데
왜 저리 홀로 청승맞게 푸른눈물 떨구나

친구를 기다리며

카페에 앉아서 천천히 우울한 겨울을 본다
어둠에 기울어 소주잔을 밀고 온 스산함
허리를 살찌운 도시의 과식은 더부룩하다

때로는 깔깔거렸을 길 위로 진눈깨비가 내리고
웃음기 사라진 하늘은 슬프다

목덜미에 광고지를 칭칭 감아버린 묵음의 전신주
그 위에 매달려 있는 수은등이 점멸의 시간을 저울질하고
그 아래 깔린 야밤의 서사는 옷을 갈아 입는다

오늘은 토요일이다
유리구두, 파티복, 짧은 치마
느릿한 허공으로 와인잔 속 데낄라 향이 흐르는 1층 브랜드 빠는
'졸업장 소지한 분 우선 출입'이란다

카페 창가로는 눈송이가 나풀댄다
눈동자 길게 떨어지고 정점에 춤을 추듯 떠다니는 우산 행렬을 본다
온기를 사려문 남녀가 눈을 들어 카페를 본다

'꿈도 쉬어가는 그곳' 갑자기 라오스에 가고 싶다
덴사반의 붉은 태양과 별이 머리위에서 부수어지는 곳
커피향은 진하고 우산속 남녀는 보란듯이 입을 맞춘다

아, 사람은 겨울을 먹고
나는 에스프레소 한잔에 사람을 기다린다
눈오는 이 분주함을 함께 맞이할……

겨울에 만난 어떤 이에게

가려면 꽃바람이 되어 떠나라
살찐 암말같은 바위에 앉아서 회환에 젖지 말고
햇살에 눈곱도 털지 말고
산구릉에 몸 풀어 흔적도 남기지 마라

늙은 중의 인연설도 믿지 말고
조타수를 잃은 뱃머리에 앉아서 푸념하지도 말고
보릿겨 날리듯 살랑살랑 바람이 되어 떠나라

이별이 아픈 것은 만남의 전주려니
하늘의 구름과 들판의 초록을 사랑하다
세월의 몸 밀치고 홀연히 떠났던 어제 같던 반복
이렇게 지어진 것이 운명이리라

사랑이 온다네

사랑은 겨울날 눈 날리듯 오네

가만히, 가만히 문풍지에 입을 맞추면서
처마밑 고드름에 달라붙는 햇살인 양 따사롭도록
오래된 집 정원에 깔리는 안개 가득한 노을처럼
밤별에 당당하게 고개든 겨울꽃으로도 사랑은 오네

아, 사랑은 심란한 강물의 전율처럼 역사를 쓰고
포말에 부수어졌다가, 모래성을 다시 짓는
부지각의 투쟁이 되어
그 모래성을 지키려 죽어간 전사의 창이 된다네

피끓는 청춘을 다 살라먹는 시공에
초가이엉의 푸석한 바람에도 제자리 흔들지 않는
잠못드는 날 겨울새처럼 하늘을 흔들어도
눈두덩이 퍼런 들판에 혼자 떠는 의연한 갈잎처럼
사랑은 그렇게 이 겨울 눈날리듯 온다네

기다리리라

내게 봄날이 온다면 여름 가을을 다시 쓰려네
이 혹독한 겨울
시작부터 한바탕 미끄러짐으로 상흔을 남겼는데
골방에 볕이 드는 날
차일에 가려졌던 성애 낀 사랑을 녹이려 하네

별빛 멀어진 아지랑이 우화 타액처럼 묽었던 불편한 허공
때로는 공자의 편액처럼 희미해진 태고의 날
진달래 머리위 꽃 날리던 봄날이 다시 온다면
나 다시 사랑하려 하네

첫눈의 겨울은 현란한 유혹
꽁꽁언 강에 바람의 집사 눈보라 날리면
해동의 달빛으로 개울을 씻어
온전히 부패없는 자유를 갈망하리니
찰랑대는 싯귀 몇 구절 뽑아 올려
얼음밑을 파고든 봄을 낚으려 하네

겨울 하늘은 죽은자 가운데
눈동자만 살아 빛나는
푸른 별의 서글픈 울음
육신은 좀비가 되어
오래된 수면으로 먼지가 될 때
생피의 봄날이 오면
친구의 소주잔도 낭랑한 꽃을 노래하리니
포장마차 불빛에 유혹당하지 말고
네 영혼을 잠시 이부자리밑으로 눕혀
탄성의 차가운 물질로 상처받지 않기를 기원하려 하네

아 낙상의 날 사랑은 잠시 왔다가 눈보라속 미아가 되는 것
언 사랑을 탐하다 스스로 얼어버리는 것
그래서 나 겨울에 더욱 외롭고 고독한 어린왕자이리니
달려와 안아줄 봄날을 떨면서 기다리려 하네

봄이여 얼어 죽기 전에 달려와
내 몸을 사랑해다오. 뜨겁게!

첫눈 1

첫눈에 차 꽃향을 쓰노라
꽃상여 부스스 첫눈 밟아 하늘 갈 때
햇살의 메아리 빌어 산자락 다리를 놓고
보들레오의 시 그 냉정함으로 쓸어내
나를 묻고 돌아서는 그대의 길을 밝히리라

밤새 돌아섰던 길은 눈에 덮이고
삼일이 지나면 찾을 수 없으리니
나 저 먼 하늘에서 잊으라, 노래하리다

별이 되어 겨울밤 창을 기웃대고
찻잔에 담겨 생전 나누어 마셨던
초의차로 혀에서 놀게 하리니
봄날 길가 차꽃으로 태어나
그대 정원을 비추는 향기가 되리라

첫눈 2

첫눈에 그대를 쓰노라

샛강에 놀던 별과 달빛에 녹았던
묘약을 삼키던 그날
개여울 흩날리던 첫눈에 사랑을 먹었다

그대의 눈빛에 젖던 별이여
첫눈에 찍었던 발자국이여

세월이 깊어져 인생의 낙엽일 때
그리움은 순례자처럼

구례 쌍계사 · 사진 김태식

6. 사람 그리고 여행을 만져보다

경주 양남 주상절리 · 사진 김태식

채석강에서

저 석양이 마음을 태우네
길고 긴 모래사장 위로 흔들리는 빈 바람은
뜨겁던 시간을 입술로 찍어놓는데
한없이 밀려오는 남빛 파도는
애절하게 울어대는 기러기떼를 하늘에 펼쳐놓고
지난여름의 발자국 찍던 그리움을 결결이 풀어대네

찻잔을 앞에 두고 망연히 석양을 바라보네
그 향기, 그 푸르렀던 순백의 노래는 흩어지지 않고 떠도는데
아, 사람들은 오고 가지만 투박한 햇살과 노을에 겹쳐
흐릿하고 더듬거리는 내 마음의 속삭임은
아직도 아쉬워 애가 타는데
사랑이라, 그 눈빛 바닷물에 몸을 적시며
내 마음의 빈자리로 가득 찾아드네

찻잔의 향기를 모아 그립다, 그립다 한 줄씩 적셔보지만
투박한 어스름이 야속하게도 지우고 또 지우며
멀찍하게 달려오는 바람 몇점 핏빛으로 그리움 뿌려놓고 마는데
돌아서는 내 등뒤로 바닷바람은 소란스럽게 떠들어대고
사람들의 탄성은 노을로 달려가지만
내 귓전 단하나의 이명은 오직 한사람의 그리움만 와글거리네

명상

나는 명상의 숲에 들었네
라오스의 저녁노을을 찬찬히 우려낸 아침이 오는 소리를 듣고 있네

연꽃은 부지런히 이슬을 마시고, 멀리 산에 올라서
눈곱을 털어내는 바람의 숨소리를
허락받은 모든 강물의 울림에 경의를 표하네

때로는 열린 성청으로 별빛이 놀다간 자리에서
상한 대지를 박차며 솟아오를 새싹의 옹알이를 듣네

모든 에고이즘이 사라진 명문의 연설은
잔잔한 평야의 벼이삭 패는 것과 동일하게
낳고 죽어가는 순간의 긴장감을 자아내네

걸음을 옮기고, 느끼고, 아무런 생각도 갖지 않는
이 색계의 새벽은 잔망한 어둠에도 굴하지 않고
어김없이 귀환하는데
아, 세상은 참 어렵네

무엇하러 지붕을 얹고, 무엇하러 목축에게 강요를 하고
무엇하러 세상이 나로 존재하는가
더이상 묻기를 거절당하는 이 새벽, 나는 우울하네

라오스의 숲을 바라보며

숲에서 온다
저 달빛은 숲에서 온다
늙은 소울음 소리에 놀란 듯
그렇게 온다

우리가 노래하는 밤의 사랑이 그러하듯이
초목의 사계절 잎이 지지않는
이 남국의 지루함이 어질러 놓은 숲에서
은밀하게 온다

숲에서 온다
달빛이 숲에서 숨쉬기에
그리움을 찾아
숲으로 가야 한다

청명한 새똥 냄새와 고독감은 달빛에 날아오르고
한없이 밀려오는 남빛 여명의 숲에서
사랑을 기억하려면
늘 안쓰러운 그 사람을 찾아야 한다

달빛

달빛 창에 스러지면, 나 그대 그리겠소
눈동자 저 달빛의 가슴을 오려 심장이 되겠소

때로는 집앞 나뭇잎의 허리를 붙들고
내 그리움을 흔들어 달빛을 노래하고
늙은 황토빛 대지에 깔리는 그대 발자국 찍어보겠소

볏나락이 착한 바람에 길게 휘몰아치며
달빛에 몸을 적시며
부틀에 앉은 금사의 실루엣으로 내 눈을 깁어 그대 밤을 덮고
저 달빛에 담갔다 뽑아낸 아름다운 입맞춤의 빛이 되겠소

찰랑거리는 남국의 깊은 호수 위
저 달빛으로 길을 놓아,그대 꿈속의 낭랑한 찰랑거림 되어
천년의 속삭임으로 귓전에 맴돌겠소

아, 이 뜨거움으로
차디찬 맨손의 달빛에게 아름다운 선율이 되어
영혼에 흔들리는 노래가 되어
그대 향한 첫날 첫 빛으로 물들어 가겠소

문득

이 세상에 소중한 것은 없다
그대들 자신이 가장 소중하다
스스로 자신을 사랑하지 못하는 사람은
타인도 사랑하지 못한다

스스로에게 다정해라
스스로에게 품위를 지켜라
스스로에게 늘 귀의하라
스스로에게 자유를 주라

스스로를 욕되게, 혹은 욕하지 마라

수천의 적과 싸워 이기는 것보다
스스로를 뛰어넘는 승리야말로 가장 위대한 승리다
그 승리를 위해 그대들이 가장 잘 아는 스스로를 다스려라

사랑도 미움도 다 스스로의 몫이니
종교라는 집착의 굴레를 벗고, 스스로를 위해 기도하라
그러면 사랑도, 더불어 인격적인 삶도
다 그대들의 것이 된다

인생이 별거더냐

꽃이 피는 것도 한순간
꽃이 지는 것도 한순간

평생 도를 닦아도 한순간
평생 업을 씻어도 한순간

즐거움도 괴로움도 한순간
분노도 성냄도 한순간

수평의 저울질도 한순간
치우침도 모자람도 한순간

태어남도 죽음도 모두 한순간
처음도 마지막도 한순간

뜨고 지는 것도 한순간
첫 장도 종장도 한순간

점과 열도 한순간
우주와 미물도 한순간

스님과 목사도 한순간
죽은 자와 산 자도 한순간

아, 기억하라 우리는 모두 티끌인 걸
늘 한순간 차를 곁에 두고 아슬함에 있다는 사실을

그저 그런 듯 살자

그저 그런 듯 살자
하루를 열심히 닦아도
석양에 다 가려지고 마는 것
즐거울 때 즐겁고
괴로울 때 괴로운 것
그저 그런 듯 살자

칼끝으로 찌른들
승리할 수 없는 인생
천부의 말보다
스스로에게 엄하고
상처 남기지 말고, 부드럽게
그저 그런 듯 살자

웃음으로 구름을 살피고
웃음으로 햇살을 살피고
웃음으로 사랑을 살피면서
허리 굽은 들판의 암꽃처럼
엉덩이 실룩대면서
그저 그런 듯 살자

나보다 못난 사람
하늘 아래 한명도 없다
땅바닥에 엎드려 하늘을 보면
다 나보다 높은 곳이라
사람 두렵게 여기고
사람 살뜰하게 여기면서
그저 그런 듯 살자

눈밑에 검버섯 피어나고
손등이 쪼글쪼글해지면
석양에 낙조인 듯
밤하늘의 별빛인 듯
포장지 걷어낸 스스로를 보면서
이만하면 잘 살아온 거야, 할 수 있도록
그저 그런 듯 살자

강화도에서

저 푸른 들에 서고 파라
검은 구름의 깨알같은 이야기에 몸 실어 살고 파라

어둠의 빗소리, 형체의 무감각
허우적대는 손짓에 한없이 젖고 파라

산다는 것은 오늘 듣는 빗소리 같은 것
손벌려 저 너른 들의 속삭임을 그려 보는 것
아 한그루의 소나무에 달빛 걸어놓고
때로는 물안개에 젖어 오지않는 별빛을 노래하는 것
저 푸른 들에 서고 파라

저 젖은 하루의 바람에 살고 파라
물이 되어 흐르고, 바람이 되어 묵묵히 걷고 파라

눈빛 화려한 푸른 벨벳같은 별의 들에 젖어
새소리 되어 가는 아침을 은밀하게 맞는 것
어깨 곁 소슬소슬 젖어가며 은은한 미소되는 사람

아, 그러한 씻김으로
순결한 시간으로
지순한 들에 이슬이 되고 파라

강화 초지진 · 사진 김태식

야영

저 풀벌레 소리에 잠들고 싶구나
한없이 푸른 초록을 깔아놓고 사랑하고 싶구나
저 어여쁜 달빛 부둥켜안고 강에 몸 적시고 싶구나
물소리, 구슬피 들려오는 바람소리
별빛에 눈동자 써놓고 하늘 멀리 빛나고 싶구나

별

동승읍 외동교 아래 낚싯대를 펴고 별아래 누웠다
물소리가 별자리를 가로질러 나무 두그루 사이에 걸터앉았다

나무는 별을 본다
두눈 가득 그대를 본다
별을 보는 것은 그대를 보는 것이다

한낮 뜨겁던 태양이 잠시 눈을 부친 사이
숨소리 엺어진 어둔 하늘의 구름을 본다

구름을 보는 것도 그대를 보는 것이다
어둠 속을 흘러가는 산그림자가 그리움 부른다

쇼팽을 듣고 무심코 켜놓은 촛불 아래
잔손길이 멎어있는 바람을 본다
아, 바람을 손으로 잡아본다
사르르 하늘의 별이 그대를 가슴에 담는다

하루살이가 가득 들어찬 텐트 속에서
발가락을 간질거리면서 잠든다

아, 모든 것이 별이 흐른 까닭이요
모든 생각이 그대를 보는 이유이다

늘 그런듯 살라

저 하늘의 구름처럼 살라
저 창공의 푸름이 인간의 격인 듯 살라
때로는 비가 오듯
그 비도 외면치 말고 인간의 격인 듯 살라
괴로울 때도
그 비가 걷히면 햇살이 비치는 것처럼
인격을 갖추고 살라

모든 살아있는 생명에게 폭력을 행하지 말라
혀로 지은 죄는
그가 읽은 책의 수천구절을 미사의 언어로 빌려오더라도
갚을 수 없는 것
늘 부드럽게 말하고 침착한 심장을 가져라

분노하지 말라
시기하지 말라

분노는 스스로의 복을 갉아먹는 해충같은 것이니
훗날 수천마리의 벌레가 스스로를 파먹을 것이다

늘 미소를 지으라
설사 그가 칼을 든다해도 침착하게 미소로 대응하라

모든 일에 단호하라
늘 미적거리면 기회는 미적거리는 틈에 사라지는 것
길을 잘못들었다면 서둘러 결정짓고 빠져나오라

늘 그런 듯 살라
스스로의 격으로 상대방을 판단하지 말라
어린아이가 우는 것이
비단 먹을 것만 찾는 것은 아니다
울때마다 젖을 준다면
어린아이의 누운 자리는 홍수가 날지도 모른다

사랑하라
뜨거운 햇살 아래에서도 더 뜨겁게 사랑하라
그것이 인간이 행하는 가장 위대한 인격적 행위다

강 그리고 산

저 너른 강이었으면 한다
저 푸른 산이었으면 한다

결결히 풀어대는 강의 소야곡되어 하늘을 날고
결기의 푸르름으로 생을 씻어 성냄을 벗으리라

저 너른 강에 살리라
저 푸른 산에 살리라

사랑을 풀어 흐르는 아름다운 강의 이야기를 쓰고
산빛 경탄할 작은집 등을 비추는 밤별의 노랫소리로 위로하며
그대와 살리라

저 너른 강에 잠들리라
저 푸른 강에 잠들리라

명징한 삶에 다하며, 덧없는 세월을 노래하리니
세월은 강물 같고
한때 푸르름이 삭달한 나무 같으니
순한 생을 살아 강과 산이 되리라

귀로

씻겨나갈 듯 퍼붓던 비가 멈추고 나니
온통 그리움뿐이다
멀리 회색구름이 아찔하게 흐르니
그대 생각뿐이다
꽃도 비경의 산자락 사자후도 모두
그대 부르는 애절함이다

아, 토하듯 그립고, 심장이 아프도록 보고 싶다

너무 멀리왔나 보다
이제 돌아가야지, 내 사랑에게

다시 숨 쉬려면……

라오스 1

하늘이 저토록 맑다
아, 창공조차 땟국물이 한점도 없다
실감할 수 없는 미백의 하늘에 곱게 스러지는 논밭
한때 우리도 그러했다

햇살밑에 숨어버린 그늘을 품던 망고나무
농부의 쇠스랑에 걸터앉은 바람에 한숨 늘어진다
아, 잎사귀는 먼지하나 없다
우리집 앞 감나무도 그러할까

자박자박 걸어본다
죽 늘어선 초록이 지난밤 별빛 바라느라 한뼘쯤 더 자라 무성하다
소들은 한가로이 풀을 뜯고 들판에 사람이 없다
아, 저 많은 가축과 논밭은 누구 것인가
소유는 애초부터 무의미하다

경탄할 그 무엇도 없지만 아침부터 새소리는 잊었던 감동을 준다
흙 발도 서서 가는 대지, 라오스의 첫날은 늘 나를 나로 돌려놓는다

쑥쑥 자라기만 했던 곁가지를 얼만큼 잘라야
진심으로 이 땅이 될까

라오스 2

한점 버릴게없는 라오스 산야의 진초록을 쳐다본다는 것은
사랑을 떠올리는 일이다
어쩌다 일어나는 흙먼지도 윤기가 가득하니
사랑의 빛인지도 모른다

딸랏싸오(아침시장)를 걷는 일도
곁에서 나란히 따라오는 치자꽃보다 더욱 흰구름 속 그대가
멀리서 나를 지켜보기 때문이다

가끔 손흔드는 바람이 싱겁게 난전에서 마늘값을 묻고
망고스틴을 입에넣고 오물거리는 것은
비단 그녀의 오이향이 그리운 까닭이다

매콩강 공원에 앉아 그 열대의 황홀한 노을을 기다리는 까닭은
창공을 휘젓는 비행기가
그녀를 떨어뜨려 줄지도 모른다는 기대감 때문이다

노을이 지나면 별이 뜨고
시퍼런 강물로 놋배가 흔들거리면 잠못이루고
상한 몸을 일으켜
별에게 내 사랑의 머리말을 손짚어 달라고 고백하는 이유는
이역만리 떨어져 있어도 변하지않는 내 사랑의 고백이리라

라오스 3

꽃이라면 꽃잎에 그리움 쓰고
별이라면 어둠에 그리움 쓰고
산이라면 풀숲에 그리움 쓰고

그립다, 그립다 쓰다 보면
꿈 속에서라도 볼 수 있으려나

우아하게 하늘을 날고있는 새 한마리
라오스 하늘을 때리는 빗소리에 그리움 날아가네

라오스 4

참파 꽃살대에 영롱하게 맺힌 저 빗소리
열대의 아우라속 심금을 울리는데
야심한 밤
먹구름 가득한 서쪽하늘 밑은 뚫려나간 듯 허전하여라

초저녁 바람이 맵더니
문지방에 고개 내밀고
숨죽어 살결같은 강바람에 눈물 핑 돌더라
아, 그리운 게지, 저 산야를 적시는 빗소리도 망부석 같구나

삭아서 녹이 다 떨군 하늘은 우담바라의 문양이라
빛이라, 빛이라 그립다 어깨를 흔들어 봐도
참파 꽃잎에 메울 수 없는 남국의 빗소리는 처량하구나

아, 어머니

밤꽃 날리는 날

앞섶의 꽃송이 따다가 열달을 품어주시니
생명(生命)이라 지어주시고

뒷산마루 울음에 놀란 새소리 어깨를 빌어
작은 시냇물따라 흘러온 밤별을 모아다 눈동자 만들어주시니

명천(明天)이라 바람소리 붙들고 노을이 지는 언덕위
굴참나무 잎사귀로 쓸어
귀와 입을 만드니 자명(自明)이라

공활한 하늘의 청명을 모아다 손가락과 발가락을 빚으니
정도(正道)라 서말 닷되의 피를 쏟아서 팔근의 육신을 절이니

아, 은혜(恩惠)함이라

인생

바람보다 깊은 글을 쓰리라

어깨에 가라앉은 통증보다 더 고통스러운 글을 쓰리라

나 죽어 태양과 만나면 불타는 언덕에 분노한
글 한자락 깔아놓고 타 죽으리라

서럽다, 삶이

꽃으로 위로받지 못한 한생이여
무엇으로 왔다가 어디로 가는지

평생을 물어도 메아리뿐이구나

금산 보석사 · 사진 김태식

완당, 추사에 부쳐

햇살은 바람 가다 닻자국에 빛나고
생각을 놓아둔 은빛 바다 아득하구나
살아지는 한걸음도 유폐의 무색이니
막다름은 저승길 같아서 숨이 아리고
천길 바닷길 실핏줄 긋는 탄식은 늙어
한세월 맺힌 외로움 버짐만 가득하고
푸른 바다빛 넘은 그리움 탈탈 털린다

석양에 말하다
-'기차는 8시에 떠나고'를 들으면서 쓰다

그녀는 떠났네 그녀는 떠났네

푸른 파도처럼, 맹렬한 바람처럼 떠났네
가을이 앞을 막아서도 뿌리치고 떠났네

돌아올 기약도 없이 바위처럼 단단하게
햇살 한손 가득 미끄러지는 모래알처럼
다시 내게 돌아오지 못하는 계절로 갔네

그녀는 떠났네 그녀는 떠났네

살 수 없는 시간의 약속 떨어진 낙엽처럼
석양이 흩뿌린 눈물 외면하고 떠나갔네

문밖의 나태하게 다가서는 미련한 달빛은
내 마음에 어른대다 쓴 술잔에 담아지고
죽음의 잔을 비워도 지워지지 않는 그녀

영롱하게 빛나는 어둠의 별이 되었다네

흥왕리

흥왕리 수경굿당 가는 길가
고구마 밭에서는 클래식이 흘러나온다
일흔살 남편, 일흔두살 아내가
고구마를 수확하면서
피곤을 잊으려 틀어 놓은 것이다

베토벤, 모차르트, 드보르자크
어딘지 모르게 안 어울리는 듯 하지만
고구마 밭의 넘실거리는 푸른 잎사귀는
교향악단의 연주같아 묘하게 잘 어울린다

햇살 아래 삼천평 넓은 밭의 두내외는
클래식 가락에 장단맞추어 흘러간 옛가요를 흥얼거리고
엉덩이 들썩이는 바람은 굵은 땀방울 훔쳐가며 늙어간다

'오키로'에 이만원하는, 길가에 세워둔 입간판의 글자는
서툴기 그지없어 더 정겹고
가끔 일흔두살 아내의 머리에 꽂혀진 코스모스 꽃잎은
깊은 사랑의 교훈을 쓴 남편의 선물이다

가을 하늘이 마니산 끝자락에서 단풍잎을 골라
집집마다 색색이 뿌려놓고
누런 호박이 앳띤 새색시처럼
가을볕에 돌아앉은 흥왕리 고구마 밭에서는
흘러간 가요에 가을을 덧씌운
클래식이 아름답게 흘러나온다

멋진 답사에 답하다

가을이 지니 내 마음도 진다
때로는 머물렀을 추억도 진다
아련하고 슬펐던 기억도
서리를 맞는다
아, 눈 감듯 가고마는 삶이
가을이라 나를 지운다

바다를 보며

나 태고의 날부터
별이고 꽃이고 바람이었다

꿈이라 여겼던 시간부터
육신이고 거룩한 생장이었다

보랏빛 대지 비바람처럼 치열했고
사랑도 그러했다

분노의 날을 살았던 저 갯골
죽은 물고기의 파쇄들

아, 내 몸이 저렇게 전라되어
들물에 뜨는 밤을 파닥일 때

생장점의 각축에 살을 내었고
가슴이 탔도다

나의 스승 김봉호선생 전에

보름날 밤 내 모르고 그림자 밟았다
구름인가 스치려해도 내 발목 잡아끄니
가만히보니 스승님 용안 가득 웃고 계시더라
어디 가느냐 이 잡놈아!
뜨끔하여 되돌아보니 달그림자 멀리도 달아난다

그믐날 밤 스승님 그리워 달만 쳐다보니
고요 적적한 바람만 어깨위에 상념 떨구고
책한줄 보려 빗장 걸어도 문밖에서는
스승님 지팡이 소리만 질질...... 서럽게 끌린다

스승님 살아생전 아호를 짓지 말라셨는데
어줍잖은 품새로 호 하나 지었더니
어젯밤 꿈에 나타나셔서 지팡이 휘휘 휘두르시며
저승오면 내 하나 지어주련다, 하신다
나는 그 소리 무서워 짓던 아호를 꿀떡 삼켜버렸다

나의 스승이시여!
학동 뒷산에 그리움 그늘지면
생전 그 좋아하시던 술 한병 들고 찾아 뵈리라
이 잡놈아! 호통소리 들으러

이제 힘든 지팡이 내려놓으시고
제 술 한잔 받으소서
언제가 저도 따라가서
회초리 맞을 날 기다리겠나이다

해남 미황사 · 사진 김태식

강진 무위사 · 사진 김태식

7. 봄, 꽃으로 입술에 물들이다

고창 읍성 · 사진 김태식

봄날

봄날의 설렘이고 싶다
들과 산빛에 녹인 뭇생명이고 싶다
생명의 핏줄로 교교히 흘러가는
햇살 담은 강물이고 싶다

허리 낮은 창문의 윤기 가득한
그리움이고 싶다
거짓된 한날을 빛으로 태우고
자작나무 가지의 차가버섯처럼
지난한 겨울을 참아내는
견딤을 아는 작은 바위이고 싶다

봄날의 설렘이고 싶다
겨울, 그 갈망의 순결을 살았던 새싹의 푸름으로
더이상 진지해지지 않는 파란 봄이고 싶다

봄의 빗소리가 보랏빛 물방울로 내마음 적시는
우산 속에서 잡아본
진정한 사랑의 따스함이고 싶다

너의 그 입술로 꼭 찍어낸 봄이고 싶다

꽃이 좋은 날 1

꽃이 좋은 날, 차 한잔 들고 강둑에 앉았노라
깊은 상심이 흘러가고, 스산한 바람이 등에 기대는데
이별을 노래했던 젊은날은 달빛이되어 흐르는구나

봄은 이토록 수없이 반복되건만
잊을 수 없는 그날은
찬공기 볼을 스쳐 눈물에 하소연 하지만
가슴 마디마디
꽃처럼 피어 오르는 아쉬움의 회상

찻잔을 빙글빙글 돌아나가는 차향은
덧없이 야화의 입술이 되어
어둔 살결에 녹아 내리는구나

꽃이 좋은 날 2

아, 꽃이 피는가 싶더니 비처럼 내리는구나
바람결에 흩어지는 저 꽃잎, 누군가는 무심히 밟고 지나려니
누군가는 가슴에 오려 담아두려니
우리네 삶도 언젠가 저처럼 떨어지리니 분노하지 마라

저 하늘의 햇살 눈앞에 어른거리는구나
저 볕아래 들판은 기지개를 펴고
저 햇살에 물오른 들풀이 자려니
아, 우리네 삶도 햇살처럼 빛나리니, 화내지 마라

제 마음 가는곳에 진실과 진리가 있으려니
그곳에 마음의 이끼를 지우고
꽃처럼, 햇살처럼 모든것을 맡겨두어라

오직, 내 사랑이 이르는대로 자애로워라

새벽에 문득

오월의 저 빛나는 어둠
꽃잎 솟는 소리로 로맨스에 젖어 바라본 밤하늘
실선을 그으며 멀어지는 달빛을 향해
아, 누군가에게 별이고 싶습니다

휘장 걷어낸 여명으로 움트는 바람의 잔기침
저 늦가을의 황혼처럼 뼈가 시릴지도 모릅니다
아파서 온몸의 살이 떨릴지도 모르지요
깊은 밤 달빛이 가슴의 심장을 탐낼지도 모르지요
하지만 손을 놓을 수 없음이 더 깊은 상처라는 걸
그대는 아실런지요

가슴이 더없이 깊어졌을 때
상심을 썼던 모든 글귀들을 지우고
하나 둘 별에게 삶의 허무를 말하면서
또 하루를 그렇게 보내야 함을 아실런지요

뜨겁던 날도
더불어 가슴 깊던 우울의 날도
더이상 쓸 수 없는 글 한줄로
당신의 삶을 보태는 심정을 아실런지요

살이 아릴 정도로 하루가 슬픕니다
좁디좁은 이 삶의 누더기 판에서
나를 건져낼 수 있는 빛 하나
오로지 그대라 부르고 싶습니다

뼈가 부수어지는 듯 힘겹습니다
허망한 바람에도
나를 버틸 수 있는 유일한 출구는
당신에게서 찾을 수 있음이
그대가 부르는 내 삶의 슬픈 비망을 향한 노래입니다

시시껄껄한 고독을 찻잔에 띄워놓고
릴케의 시집을 읽으며
묵음의 밤하늘과 눈인사 건네는 이 새벽
아, 누군가의 그리움이고 싶습니다

많은 것들이 스쳐왔고
전율할 그 어떤 사유도 없는
이 시간의 목마름을 축축하게 적셔
떨어지는 이슬만 채에 걸러 깔아놓고 걸어가는 저 숲길
아, 누군가의 전정한 길이고 싶습니다

삶은 늘 고음의 정점을 찍지만
낮게 흐르는 물결의 파장을 손에 담아 들고
한방울 한방울 내 눈을 씻어
그 빛나는 눈으로 바라보는
아, 누군가의 진정한 새벽이고 싶습니다

음악이 흐를 때 타락하는 모든 소음을 잠재우고
오래되어 향기 그윽한 정원과 투박한 그릇에 담긴
산경의 이야기를 나눌 수 있는
아, 누군가의 진솔한 새싹이고 싶습니다

작약꽃

아, 하늘이여 아름다워라

속살 모두 드러내고 꽃잇살 활짝 웃어보니
실루엣 물그림자도
발밑에 멎은 산자락 등고선도
손가락 사이 거침없는 고운 터럭에
유채꽃 사이에서 숫놈된 저 바람
꽃물 가득 갈겨놓고 눈치만 보더니
꽃대에 매달려 흔들린다

아, 아름다워라
흙 밟고 일어선 생명이 모두 아름다워라

봄

봄이 되고 싶다
자잘한 냇물의 강들이 눈을 끔벅이며 흘러가
큰강을 만나는 재잘거림이고 싶다
구름밑 모든 초목이
구름을 향해 살랑거리는 부드러움이고 싶다

봄이 되고 싶다
인생을 거반 살아 핏기없는 삶의 주름살 가운데
쿡쿡 눌러쓴 꽃대에 기댄 화사함이고 싶다
진초록 대지에서 아말감의 입술로 그려놓은
햇살 그 여유로움이고 싶다

봄이 되고 싶다
한겨울을 잊어 새벽녘 소름에 파리한
달빛의 온기로 번지는 달무리가 되고 싶다
다 사라진 청춘의 꽃날
낭패스러운 세월 앞에 생을 쓰는
봄이 되고 싶다

봄이 되고 싶다
쟁깃날에 옷 벗어진 새흙을 밟아
한걸음 딛는 작은 발가락의 봄이 되고 싶다
씨앗 박아놓고 풍성해질 들녘에
희망을 파종하면서 황톳길 봄을 걷고 싶다

봄이 되고 싶다
달지도 떫지도 않은 망루에 앉아
곡우에 딴 찻잎 풀어지는 봄의 온기이고 싶다
아, 그 향기 따라 연분홍치마 펄럭이며
내려앉은 봄의 아지랑이고 싶다

김천 수도암 · 사진 김태식

오월

사랑하는 마음은 오월이다
산마다 신록이 그토록 우거진 까닭은
눈 두는 곳마다 그대가 떠오르기 때문이다

집 앞 연산홍이 턱밑까지 붉어진 이유는
홍조 가득한 그대의 옅은 부끄러움이
아름드리 꽃잎마다 매달려있기 때문이다

오월은 그리움의 절묘한 하모니다
몇 걸음 걷다보면 하늘의 햇살이 눈을 찌르는 것처럼
그리움이 가슴을 찌르기 때문이다

연곡사 돌계단밑 아기찻잎이 새벽이슬 스치고 청초한 까닭은
오월이 그대 사랑의 전부이기 때문이다

노을퍼진 바다위로 새소리가 청명한 까닭은
오월의 어느밤 어김없이 그대 이름을 써내린 별빛 때문이다

사랑하는 것은
그 별아래 모여든
봄의 화사한 꽃잎들이 속삭이는 소리이기에
오월은 잠 못 이루는 까닭이다

연꽃

연꽃이 바람에 놀더라
햇살이 구름에 놀더라
사람이 사랑에 놀더라

가고오는 세월은 어느 세상 살았는지
흔들리는 연향이여 그리움 털지 마라

고독한 하늘의 꽃인들
가슴에 던져놓고 가지 마라

언젠가 뒤돌아서서
연잎에 눈물 흘릴 날 있으리라

창덕궁 · 사진 김태식

꽃처럼

부끄러움 아는 이 꽃이라 하는데
속살의 향기 들킬세라
어둠으로 꽃은 몸 내민다

갓 일어선 꽃잎 몸가누지 못하는데
고개든 바람만 놀고
꽃잎은 순 붉어 꼭 쥔 아이손등 같아라

남루한 풀밭에 놀아도 꽃이라
바늘 햇살에도 제 몫이려니
꺾이지만 않으면 향기로 사랑 부르리라

아침, 사랑을 쓰는 날

새벽, 소산하는 생명을 안고 떨리던 날
심장 버려도 좋을 날
날마다 그대여서 행복한 날
그런 사랑에 기대어 잠들 수 있는 날
천년의 고전을 사랑으로 쓰는 날

이런날이 이생의 마지막 날이었으면 합니다

봄꽃아래 그대의 머리카락이 꽃비를 맞던 날
초여름 한날의 초록으로 태어남을 축복한 날
끝도없는 모래사장에 박힌 듯 빛나는 날
내가 담아놓은 모든것에 당신이 덮어지는 날
글한줄 끝에서 아름다운 모든 이유를 가진 날

이런날이 이생의 마지막 날이었으면 합니다

소리없는 침묵 가운데서도 청아한 음성 들리는 날
나 닮은 눈동자에서 당신이 태어나는 날
당신의 붓끝에서 무심코 내가 그려지는 날
낙엽이 우수수 가을의 사랑을 노래하는 날
반백의 머리카락 내 가슴에 비처럼 날리는 날

이런날이 이생의 마지막이었으면 합니다

경주 선도산 · 사진 김태식

8. 슬픔의 아우성으로 노래하다

노래하리라

쓸쓸한 달빛아래 그대 그림자 깔리면
나 청루(青樓)에 고독하게 앉아 차 한잔 벗하며
밤을 노래하리라

산 아래 집들이 어둑어둑 멀어지면
산등의 잠든 별을 불러 평상에 모아놓고
눈웃음 지으며 나 나무와 꽃을 노래하리라

내가 알던 그 모든 숨소리의 순결을 뽑아서
구름 속 하늘의 깊은 모습의 물결을 상상하면서
은하수길 망부석 되는 날 나 사랑을 노래하리라

낳고 죽어간 생명의 전부로 눈빛을 만들고
그 눈빛에 그늘진 아픔을 녹여 그리움 쓰고
새소리의 목청을 빌어 인생을 노래하리라

빗방울 소리에도 놀라지 않고
허망한 바람에도 무심한 저 장승처럼
나 스스로 그리움의 내 모습을 노래하리라

아, 귓전에 들려오는 모든 소리를 잠들게 하고
죽어 사라지지 않는 숨소리로
영원히, 영원히 내 사랑을 노래하리라

해남 대흥사 · 사진 김태식

뒷모습

당신을 만나고 돌아서는 길에 달빛을 보았습니다

사람의 집들을 포근히 감싸는 달빛을 보며
나는 당신의 뒷모습을 따라가는 그리움을 달래서 돌아섭니다

아, 달빛은 저토록 진진한데
이 가을은 산만하기 그지없습니다
붉은 간판 사이로 낙엽 몇 장이 달빛에 쓸쓸합니다

강릉 굴산사지 · 사진 김태식

가을 먼지 속
느릿한 조명
긴 그림자 만들며
먼저 도착한 서글픔을 앞세웁니다
나는 이 지독한 가을이 밉습니다

당신의 뒷모습을 보는 것처럼 싫습니다
당신을 비추는 팽팽한 도시 불빛도 싫습니다

잘 자란 별빛을 머리에 쓰고
작은 강의 바람을 안고
춤추던 나무그림자가 그립습니다

눈을 감고 조용히 생각합니다
언젠가는
달빛으로 이부자리 삼아
그대의 무릎을 베고 잠들 것이라고
오늘 당신의 뒷모습을 회상하면서

우울증

저 꽃이 계절의 꽃으로 안 보이는
저 달이 달로 안 보이는
저 가을이 가을로 보이지 않음은, 내 마음을 병들게 한다

저 그리움 별을 붙들 때
뒤돌아서서 자꾸만 늦가을이 미련을 필 때
외길에 선 바람을 붙들어놓고 내 눈물 하소연할 때
나는 그대에게 병들어 버린다

강물에 낙엽 한장 제몸 털어 온 시련에 맞설 때
진이 다 헤진 나목의 속사정을 잎사귀조차 모를 때
내 마음 우울함에 젖어 든다

바람

나는 저 하늘의 바람이고 싶다

삶도 죽음도 무경계의 연기처럼 흐르고 싶다
꽃을 흔들고
나뭇잎 흔들어
집착하지 않는 향기로 흐르고 싶다

때로는 바위틈에 앉아 햇살의 눈인사를 받으리라
때로는 감빛 가을의
어깨에 기대어
가을비를 맞으리라

때로는 그대 들창의 달빛 데리고와 놀다가리니
그저 머물지 않는 바람이고 싶다

불면증

유독 지난밤은 그리웠다
슬픔도 같이 쓸려갔다
무료한 굴절의 조명이 강을건너 멀리서 퍼져나왔지만
온기는 없었다

고독감은 설득할 수 없었지만
독립된 자아는 머릿속을 칼끝으로 갈아댔다
시간도 잘 짜인 책상모서리에 정체되어 있었고
하늘의 별빛도 흐릿했다

음악소리가 심장을 쓸어갔지만 그렇게 감동적이지 않았다
핏기 없는 발등에 도드라진 핏줄이 유난히 부각된다

그 위로 느릿느릿 차향 내려앉는다
마뜩지않은 허무함이 찻잔의 별빛을 쓸어간다

월레 소잉카의 시 구절이
나태하게 나뒹구는 음산한 기운이
식어버린 식빵을 삼킬 때처럼 텁텁하다

아 불면증!

이불빨래를 시작했다

뽀얗게 밤을 닦아내듯 거품이 인다

하동 토지마을 · 사진 김태식

첫날

그대가 하늘이라면
나는 참수리되어 하늘을 날아
먹구름 입술로 싹싹 지우고
그대가 바다라면
붉은 노을이 되어
그대 가슴의 꽃 되렵니다

그대가 앞산이라면
햇살의 모종을 심어
외로운밤 별빛 키우고
그대가 달빛이라면
그대 쉬어가는 나뭇가지 되렵니다

그대가 빗방울이라면
가을비 되어 사랑을 적시고
그대가 눈물이라면
내 한없는 가슴은
서러움 담아내는
아름다운 손수건 되렵니다

가슴 떨리는 한켠이고 싶다

가슴 떨리는 한켠이고 싶다

그 한켠에 아침을 때리는 아름다운 새소리 되련다

능금빛 여막을 여는 그리움으로 바라봄을 씻어 내리고
잘 여문 이슬을 모아 영근 햇살로 불을 지펴
그대의 아침 식탁이고 싶다

도란대는 계절과 늙음을 식탁에 줄줄이 늘어놓고
떠나온 모든 시절의 입술로 소회를 삼키면서
근사한 음악을 깔아놓고 행복하고 싶다
그대 한켠의 가슴이고 싶다

살아오는 동안 슬픔의 기록을 녹여 찻잔에 담고
하늘 사위, 춤바람의 온기를 더해 그대 눈빛에 젖는
차 한잔이고 싶다

무엇으로 이 세상이 오고 가는지
정처없는 구름에 목이 메는 길가의 풀포기처럼
그 파릿한 냉정에게 손내밀지 않는
그대 가슴의 따스한 한구석이고 싶다

팔월

깃털 하나 없는 수꿩의 붉은 살점 같은 팔월이
한 상 가득 펼쳐 놓은 잔칫상에 몰려든 쇠파리처럼 붕붕거린다
햇볕도 담벼락 뒷자락에 숨어 묵은 때를 벗기고
나무 잎사귀 빌려와 부채질에 여념없는 탱자나무는
표독스런 가시만 영글었다

들판엔 탄저병 걸린 수숫대가
아지랑이 보쌈해서 바람 깔아놓고 어르고 달래는 중이다
냇물에는 별이 철벙철벙 몸을 식히려 분주하고
서쪽하늘에서 달려온 먹구름은 구릿빛 바위에 걸터앉아 신트림 중이다

언덕에는 구멍 숭숭 뚫린 속옷 차림의
석태(이끼, *石苔*)가 진물을 빼느라 고역이고
고름 박힌 들꽃은 잎은 고사하고 뿌리째 시들어간다
용오름 치는 난풍이 가끔 불기는하지만 볕은 한자락도 흐트러지지 않고
뒤따라 달려온 땡볕을 망태기에 주워 담느라 한 곳만 집중한다

언덕 위 흙길은 눈살을 찌푸린다
그 위로 느릿느릿 봇짐 짊어진 구름이 간간이 풍경화를 그려놓고
목덜미 굵은 햇살과 입씨름 중이다

살을 찢는 굉음이 하늘을 가르고
무중의 육신을 반으로 가르면서 개울을 휩쓸고 지나가는 소나기
눈빛이 초롱초롱한 잡초가 일제히 몸을 털어댄다

저멀리 진초록의 산은 세찬 빗줄기를 따라서
수수, 소리를 내면서 춤을 춘다
옷이란 옷을 모조리 벗어던지고
구멍이란 구멍은 모조리 열어놓고
쏴, 하는 빗방울의 호령에 맞추어 자연을 연주한다

아, 팔월은 죽었다가 살았다가 홀로 잘도 노는구나!

담양 관방제림 · 사진 김태식

라오스 왕궁을 보며

시조새가 저 까마득한 창공을 뚫고 천지에 날개 펴던 날
고목은 속삭임의 우울함을 듣노라

태양이 녹여낸 벌레들이 모든 고대 건축물을 갉아 먹어도
바람은 노여워하지 않고 스친다

군병의 군화 발자국이 곰팡이 가득한 왕궁을 짓밟았을 때
문명은 강을 건넜고 그 긴 행렬은 보검처럼 빛났다

눈물로도 늘 소망하는 서원은 떠나는 것
숨소리 고독할 때 나는 이 왕궁에 숨어서 아우성을 듣노라
창칼의 목이 달아난 영광을!

내 안의 당신

당신은 내 안에 있다
담장밑 슬픈 밤의 꽃 한송이로 내 안에서 흔들린다
굵고 힘찬 달빛으로 핏방울 뚝뚝 흘리며 내 안에 있다

약속의 손가락과 당신이 건넸던 반지도 내 안에 있다
눈동자도 그 긴 발자국의 외로운 흔적도 늘 내 안을 걸어간다

당신은 내 안에 있다
향기롭던 말소리도
사르라니 생글거리는 상큼한 당신의 바람도 내안에 있다

저 구도를 잃은 그리움도 늘 내 안을 돌아다닌다
빙글빙글 내 안의 당신은 내 심장을 돌고 돌아 뜨거워진다
마치 햇살이듯이 내 안에 당신이 없으면 심장은 싸늘해지리라

내 안에 운명이 있다
손내밀어 운명을 쓰노라면
당신은 오로지 내 유일함에 따스해진다
그리고 모든 생을 통해 단 하나의 사랑을 말한다

사랑해요, 라고……

목숨

끊임없이 스스로 사랑하라
몸을 뉘일 작은 골방의 손바닥만한 햇살이라도
사랑하는데 나누어주고 인색하지마라

빗소리가 창을 때려도
별을 기다리는 마음으로
간절히 사랑하라

어둠은 향기를 덮지 못하고
시련은 그리움을 지우지 못하는 것
향기로움을 잃지마라

뜨겁게 사랑하라
더 이상의 온기를 남기지 말고
사랑하다 차갑게 식어가라

하남 교산동 마애약사불좌상 · 사진 김태식

청명(淸明)

씻김의 하늘이어라
아카시꽃 서러운 날
당신은 나고, 내가 당신이 되는 날
온 마음의 갈망을 씻고 또 씻어
항해의 닻을 내리고 눈감았을 때
눈에 넣어둔 당신의 곱던 향기
훨훨 날아다닌 아카시꽃이어라

손목 가득 걸어둔 생의 약속
그 은사시 반짝이는 햇살을 모아 그대 머리에 얹고 내가슴에 써내려
아, 사랑이라. 그 깊은 씻음으로
등잔불 아래 호호 불던 곱은 손으로
내 서러움 불빛에 태워버리고
아, 당신 숨결에 내 심장을 쓰노라

작약 한송이 눈동자 삼고
떨어지는 별빛으로 이부자리 삼아
당신이 나고 내가 당신이리니, 곱디 고운날 곱게 떠날 씻김으로
아, 한생 천년이고 전설이니
꽃으로도 쓸 수 없고, 별빛으로도 쓸 수 없나니
내 생명은 오로지 씻김이어라
창창(蒼蒼), 옥빛 푸름으로
씻고 또 씻어 저 하늘이리라

숲

꽃물 든 이 아침, 저 숲으로 한 소절 말을 듣는다
축 늘어진 안개사이 가슴시린 숲의 고해를 듣는다

음표가 사르르 깔리는 샛길 초롱꽃은
긴 목 떨구어 옥빛으로 눈웃음 짓는데
아, 이 아침 숲은 수줍다

한껏 젖은 새소리 주머니에서
주섬주섬 그리움의 포자를 간절히 펼쳐놓고
지난밤 떨어진 별을 쪼아댄다

듣는 것으로도 무한정 고요하고
보는 것으로도 서글픈 하늘의 햇살
하루를 적으며 숲은 점점 달아난다

들꽃이 이토록 서글픈 것은
바람이 어깨 늘이고 샛강은 몸털고 일어서
지치도록 아름다운 숲의 말이 풀어놓은
또 하루의 그리움 때문이리라

귀

귀가 아프다
아침부터 왼쪽 귀에서 피가 흐른다
멍멍하다

듣고 싶은 것을 못 듣는다
상스럽고 천박한 말도 못 듣는다

대신 꽃이 지고 꽃이 피는것은 들린다

몇 번의 주사를 찌른지 모른다
치열한 고통이 밀려온다

쇳소리가 감고있는 눈으로 들린다

이렇게까지 해서 들어야 하는지 모르겠다
잠깐 마취주사를 맞고 병원 뒤편의 철지난 연산홍을 본다

잎이 다 무른 꽃밭으로 싱싱한 햇살이 떨어진다

분주히 오가는 사람들, 저들은 무엇을 듣고 느끼는가

햇살이 속삭인다
분명히 들을 수 있다

바람소리도 들린다
고막을 마구 휘젓는 소리가 교향악 연주 같다

귀가 들리지 않는 것은 들리는 것과 차이가 없는지도 모르겠다

귀 치료는 정말 고통스럽다
마구 상기된다

그냥 도망치듯 달아날까

문득

도시 한켠에서 메밀꽃을 본다
빌딩 사이 가는 목에 지탱하고 있는 메밀, 주변의 향기를 맡아본다

언젠가 봉평에서 맡아본 향기와는 사뭇 다르다
실향의 씁쓸한 향기 같기도 하고
인근 음식점의 전내 같기도 하다

어디서 날아온 걸까
강원도 봉평의 그 깊은 산골에서
흰구름에 떠밀려 산맥의 턱을 잡고 날아온 걸까

깊은 눈빛으로 물들어가는 산노을의 허리를 붙들고
정처없이 떠돌다 빌딩벽에 가로막힌 걸까
연해서 인연 되었으니, 빌딩의 지축에 뿌리박고
한시절만 고집스럽게 살다 갈 일이다

무심히 피어 무심히 눈에 스친 메밀꽃 한송이
늙지도 못한 채 언제나 같은 모습으로
빌딩벽에 하소연하면서 흔들릴 듯하다

마치 도시속 윤기 가득한 광고간판처럼

내가 살아가는 이유

꽃을 사랑하는 마음으로
사랑을 구하리라
봄볕의 따사로운 태양의 힘으로
사랑을 부르리라
미움과 갈등 그 경계를 허물고
사랑의 영원함을 맹세하리라

눈을 감아 오직
사랑이 떠오르는 순간의 시 구절을 기억하리라
한밤 별에게 사랑의 이름을 쓰고
달빛에 그 향기를 태우리라
아, 죽어도, 죽어도
끝없는 사랑임을 잊지 않으리라

진심

꽃이라
눈물도 꽃이라
그 입술에 떨리는 바람이라
하늘에도 간절히 하라
부드럽게 안아주고
속삭이듯 말하라

햇살이라
은사시 빛나라
창공도
네 숨소리도
가슴 뜨겁게 사랑하라

노을이어라
낳고 자란 모든 늙음을
오로지
사랑으로
기쁨으로
하나되어 가리라

김포 장릉 · 사진 김태식

어머니

저 하늘의 햇살 한점 빌어오고
저 산중의 꽃잎 이름을 불러와

내 눈동자 삼고
내 얼굴을 빚으니
아, 삼천이 태동이고
신산의 산고라

어머니여……

눈물로 이불 누비고
애태움으로 요람을 지으니
산경의 봄이라

아, 내 어머니 주름진 얼굴 가슴 시리는구나

작별 1

뜨거운 팔월과 이젠 작별하고 싶다
풋풋한 산경의 지난한 삶으로
사월 목련이 부활하듯
손잡아 기쁨을 노래하던
그 시절의 작고 아담한 소란스러움을 할퀸 팔월을
이제는 외면하리라

시냇물에 담겨 찰랑거리는 구월이
달빛에 찻잎 띄우며 점점 붉어질 구월이
수다스러운 바람이 낙엽에 앉아
자음과 모음을 쓰는 첫페이지에
구월이 안겨 주었으면 싶다

석양이 팔월의 늙은 살을 떼어내
성야의 물결이 천천히 일어날 때
라싸의 별로 오선지에 줄 길게 긋고
밤하늘 벤치 끝의 긴 그림자로
팔월과 이별하고 싶다

작별 2

내 나이와 작별하고 싶다

풋풋한 날의 목련이 부활하듯
손잡아 슬픔을 노래하던 그 시절의
작고 아담한 소란스러움도
사월 어느날 꽃대롱처럼 작별하고 싶다

사랑한다는 것은 빈그릇에 태양을 담고
작은 시냇물을 가슴에 옮겨
밤하늘의 별처럼 심장이 수다스러운 것

눈물은 견고의 해먹 위에서 조잘대고
그런 시간과 봄의 잉태를 흔들고 싶다

석양이 늙은 살점을 떼어낼 때
벤치 끝의 바람을 안고
조용히 내 나이에게 손흔들어 주리라

바보사랑

별이 지거든, 새벽길 가지 마라

꽃살문 등 기대고 등신불이 될지언정
흰눈 쓸려가는 바람에 발자국 남기지 마라

청자색 여명을 가늘게 잘라서
수포를 녹인 이슬에 젖더라도
영혼없는 눈물 떨구지 마라

이별을 이별이라 전하고 떠나야 하리니
기다리고 기다리다 생을 갈음하는
천추의 죄를 짓지 말지어다

그것은
달개비 꽃으로도 슬픔을 전하지 못하는
하늘도 울리는 비파의 현을 뜯어 젖히는
바.보.사.랑이리라

세월 1

타는 듯 가을빛 흩어지거든
언덕밑 찰진 노을에 숨고르며
뒷동산 고운 흙먼지 되리니
겨울 흰눈에게 부끄럽지 않을
세월 닦아 놓을 터이다

아, 살아지고 사라지는 것이리니
오늘 본 햇살도 그 하루가 남다르리라

봄꽃에 개여울이 알록달록하거든
실핏줄 되어 산천에 착상하리니
재주많은 한날은 가고 말았구나

그녀와 다정했던 눈송이 깔깔대던 날
그렇게 세월을 가는 것이리라

아, 살아지고 사라지는 것이리니
오늘 본 아침도 그 하루가 남다르리라

세월 2

어제 지나간 비둘기 깃털처럼 잿빛구름 밀려올 때
당신은 분명 그곳에 있어라

나의 성을 빛내줄 흰벽돌 사이
햇살의 소품되어 먹구름을 희석시키는
겨울바다 노을의 고해처럼 순결하여라

펜 몇자루와 흥정을 벌인 불면의 날
색인하듯 또박또박 써내린 무감각

태양이 떠오르는 그곳에서
적나라해진 '혼자'임을 잊지 않는 한 밤

아, 잠들면 잊혀질지 모를 묵념이 바다로 가라앉으며
서서히 태양의 분자는 흰얼굴 가운데 밀려와
꽃되고 나비되고 낙엽되어 한생에 쌓이리라

상처

당신은 별빛에 속가슴 풀어
사랑에 울어본 그런 날 있나요

헐벗은 집앞 미루나무에 달 걸어놓고
잠 못 이룬적 있나요

바람 가득한 키작은 포구
커피 한 잔에 손 모으고
떨어본적 있나요

그렇게 외면하고
그렇게 냉정하고
그렇게 싸늘하려면 떠나세요

별빛과 달빛에 달래야 할
커피 한잔의 이별

나도 식어버릴 테니까요

순천 송광사 · 사진 김태식

순결

아 사랑해서 죽고 싶다
더 이상 타락의 날이 없도록 비워두고 갈망하며
아 죽도록 사랑해서라고 말하기 전에
이미 사랑을 안고 길가 코스모스에
등 기대고 죽고 싶다

가끔 가소로운 바람에 향기 날리면서
사랑은 별빛에 죽음을 쓰는 것
사랑은 버려진 들꽃에 이름 짓는 것

사랑해서 죽어야, 사랑해서 죽어야
꽃이 되어 이름 지어지는 것
그래서 나는 가끔 들꽃에 이름 짓는다

보라 제비꽃을 따먹는 순결의 뱀처럼
사랑해서 온전히 죽음의 독을 마시고 싶다

중년의 술잔

중년에 마시는 술 한잔은 지독하게 쓰다

뒤숭숭 몇 올 안남은 머리카락 휘날리며
삐그덕대는 나무의자에 앉아 마시는 막걸리 한 잔은
생의 막다름이 떠있다

찌그러진 양재기에 멀건 달빛 휘저으며
굵은 손가락에 풀어진 삶을 찍어 마시는 청춘의 날
그 아련함이 힘줄을 세우고
잔을 들이켤 때마다 목 울대를 쿨럭대는 인생의 터부는
외상 장부에 색인되었고

들창에 달려드는 수은등은 주름살 가득
그래서 홀로 마시는 술 한잔은 쓰디쓰다

그러한 잡념

나를 초대했던 어느 날은 정적이었다

밤새 술잔과 고독한 다툼을 벌였고
쓰디쓴 글과 씨름했다
어디선가 자동차 경적소리가 울렸을 때
술취한 나는 외로움을 가득담은 가방을 꾸렸다

차가운 허공으로 별이 스친다

발등을 때리는 회색 파열음
그리고 한강을 도하하는 여명, 신경 세포를 긁는
나나무수꾸리의 목소리가 흐르는 새벽이다

길가 허름한 자판기에서 커피 한잔을 뽑아 들고
주머니속 백동전처럼 짤랑대는 햇살을 본다

모두가 분주해지려고 꿈틀대는 바람찬 수챗구멍의 냄새
내가 쏟아낸 커피잔에서 김이 서린다
한동안 물끄러미 바라보다 영혼이 감겨오는 것을 느낀다

왜 나는 사랑하지 못하는 걸까
왜……

삶은 무상하다
마치 커다란 수레바퀴의 공전처럼 돌다보면 늘 그 자리다

그래도 또 살아야 하는 건가
그래도 또 그렇게 흐르는 건가

하늘의 해는 어제의 낯짝 그대로고
허공의 바람도 태초부터 지겹다

나는 버스정류장에 나뒹구는 핏기없는 사람들을 살핀다
무언가 과거로부터 보아왔던 데자뷰
초원을 달렸던 과거의 모습이 떠오른다

강을 건너고
풀밭에서 사랑을 나누고
그리고 떠나버린 무감정의 그 어느날
나는 자유롭고 싶다

고독과 외로움의 그 어느날도 떠오르지 않을 만큼
나는 하늘을 날아가는 겨울철새이고 싶다

가방을 풀고
아무곳에나 내 사랑을 쏟아 붓는
진정 아름답고 싶다
더이상 얼굴의 주름살이 영역을 넓히기 전에
바람과 별 그리고 허공의 새소리와
또한 남방을 여행하는 반짝이는 십자성이 되고 싶다

사랑한다는 것

사랑은 눈물이 절반이다
차 한잔 우려놓고 차향에
가을하늘 담아내는 쓸쓸함이다
어쩌다 웃어주는 사랑 앞에 붉어지는 귓불
한겨울 술잔의 냉기가 가슴에 쓰는 전율이다

그래도 사랑하여라
심장이 오그라들 때까지
돌담밑 햇살처럼 따사로워라
1%의 사랑을 위해 99%를 희생하라
삶을 존재하게 하는 그 모든 이유가
간절한 사랑 안에 모두 담겨 영롱하리라

그래서 사랑하여라
꽃과 그리고 향기에 취하듯
비에 젖은 음악처럼
가을날 타는 노을처럼 사랑하다 죽어버려라

더러운 징후

어둠은 별아래 숨어서 해체의 날
낯가림 심한 햇살을 불러댄다

새벽녘 텃밭에 턱괴고 앉은
이밥같은 날선 서리로 죽어나간 가을 길

황토는 머지않아 심장조차 묻을 수 없게
혈장의 문을 걸어 잠글 것이기에

몸살기 가득한 저녁노을
강물에 목이 잠겨 호흡소리 가빠지는데
가을은 방관하고 있다

아, 슬픈 계절
목덜미 끝으로 차디찬 혓바닥이 훑고 간다

별을 삼키다

피 한방울 덜어내 너를 심었다
검은 밤이 지속되었고, 어느 순간 밝았을 때
꽃잎은 울고 있었다
그저 바람따라 제 몸만 흔들었을 때
꽃잎은 잉태의 고통과 출산으로 온 밤에 별이 되었다

모든 별들이 간호하던 꽃잎은
흩어진 비바람에 석고상처럼 굳어져 죽어갔고
죽은 너를 이양하여 내 가슴에 심었을 때
꽃잎 속에 숨었던 별은 풍차에 매달려 세상에 뿌려졌다

아, 사망의 날
사랑을 얻는 비극의 서막은 이렇게 시작되었다
별은 교각에 서서 강아래를 향해 가끔 고개를 내밀었고
강물은 푸른 이빨로 별을 씹었다

상해의 날, 깁스의 밤
어쩌면 충격적인 종말의 날이라고 생각되어질 때
현무의 무지개는 하늘을 날았다
그 무지개를 향해 모든 시선들이 떨어졌을 때
저 천계로 무한의 삶, 이제 제로가 된다

별을 잡아라
저 달아나는 별을 잡아서 내 사랑하는 날에 심으리라

파종의 격정은 임부의 태아처럼
탯줄 속에 숨어서 '살아지는' 날의 종말에 아름다운 미소로 남으리라
긴 머리카락 사이 흰 머리카락 발견할 때, 우리들은 허기진다
그런 것이다
타로 점으로 인생을 불렀다면 별은 무엇이냐

별을 사랑하리라
어둠의 곡간에서 낱알처럼 빛나는
흰빛 별을 사랑하리라

보들레르가 온다
그의 손에 들려진 시선(詩仙)의 욕망이 악마되어 내 귀에 짖어댄다

아 나는 개다
더 이상 인간이 아닌, 이성적 통제 없는 개가 되고 말았다
아, 사랑은 내 목울대에서 펌프질한다

아, 별을 삼키기가 이토록 힘든 것인가

별이여
이제 내 가슴 동맥을 돌아 그녀의 가슴에 탄생석이 되어다오!

창문 밖

꽃을 먹는다
입안으로 꽃향은 번진다
나는 두렵다
나의 부도덕함은 나만 알기에
저 꽃이 가시를 열어
눈 멀게 하고
내 심장을 멈추게 할지 모른다

푸른 나뭇잎을 먹는다
내 피가 파릿하다
나는 슬프다
핏속의 헤모글로빈이
나선형으로 갈라져
하늘이 퉁퉁 소리를 치고
바람은 허공에서 외로울지 모른다

황소, 이중섭을 보다

경북여관으로 가련다
외골목 간판 밑에서
음메, 하고 황소를 부르련다

달빛이 뒤따라와도 좋으련만
소주병만 나뒹구는 경북여관의
주인을 만나러 가겠다

동태 한 마리 푹 삶아서
무청 송송 썰어 넣고
소여물을 쑤던
청춘의 한 날을 나누리라

문밖의 별빛이라
척척 감기는 하늘의 별자리 속
황소를 불러 등에 타고
수련꽃 마당을 걸어보리라

책상 모서리 꽂아놓은 붓 한자루
탈탈 털어 술안주 삼고
세심(洗心)의 심줄을 다 뽑아내
황소처럼 삶을 밀고 가리라

핏발선 눈
거만하게 들어 올린 쇠머리
밀고 또 밀어서
삶의 이랑에 솥단지 걸고
쇠죽 한 사발 팔팔 끓이리라

9. 사랑에게 말을 건네다

사랑에게 말을 건네다 1

그립다면 그립다, 말하라
사랑한다면 사랑한다, 속삭여라
더 늦어지기 전에 꽃으로 고백하라

시간이가면 더욱 후회할 이 순간의 아쉬움을 붙들어라

들에 핀 꽃으로, 불야성의 불빛으로도
천중(天中)의 은하수로도
이 시간의 열정은 다시 오지않는 법
떠나고 나면 심장에 늘 담아두고 아려오는 것
평생의 구걸로도 채워지지 않는 허기의 날을 살게 되리라

그대들이여, 천년이 가도 변하지 않을 사랑을 하라
끊임없이 갈망하고 끊임없이 사랑하라
우수에 찬 뒷모습으로 가슴에 낙인을 찍는 상처를 남기지 마라

사랑한다면 사랑한다 말하라

깊은 강을 건너듯 열정을 다해서 사랑한다, 고백하라

사랑에게 말을 건네다 2

별빛으로도 그대는 내 심장에 그려집니다
청초한 듯 그렇게 흔들리는 '패랭이' 꽃으로도
그대는 순백의 이슬입니다
사랑한다, 속삭이는 순간에도
그대는 가슴떨리는 울음입니다

탓하지 않는 미움으로 그대는 내 삶의 전부입니다
때로는 사경을 헤매는 그리움으로도
그대는 내 삶의 표지판입니다
뼛골이 다 삭아 부토(土) 위에 한글자라면
그대는 내 사랑의 전설입니다

아, 사랑하다 죽고 싶습니다
아, 사랑이라면
오로지 그대이고 싶고, 더 이상 없습니다
아, 눈을 뜨고 감고
그 찰나의 순간에도 그대 남기렵니다

잠 못 드는 날
흰 백의 그리움으로 온통 그대만 쓰다 죽으렵니다

사랑에게 말을 건네다 3

사랑한다
저 밤별의 살갗과 숨소리를 도려내
그리움의 베틀에 앉혀 한올의 비단사가 된다해도
사랑하는 그대의 밤을 잊지 않으리니

여름밤
지상의 벼락과 거친 빗방울 한데모아
스치는 바람에게
우수에 찬 날 가슴을 후벼파라 해도
집 앞 미루나무 둥치에 가만히 귀를 대고
그대의 목소리 기억하리니

사랑에 아파도
그대 향한 그리움 탓하지 않고
스스로 가두어버린 자기장의 음파처럼
사랑이라는 말 한마디에
새까맣게 탄 심장으로
천년을 애원하며 떨리리라

사랑에게 말을 건네다 4

사랑하는 마음으로 사랑하는 것은 사랑이 아니다
사랑하는 것은 마음으로 사랑하는 것이 아니라
하나인 목숨으로 사랑하는 것이다
마음은 변할 수 있지만 목숨은 한번이 마지막이고 절명이다

절명처럼 사랑하라
끝을 모르게 사랑하라
성자의 십자가처럼 사랑하고 다르마의 경구처럼 사랑하라

눈으로 보는 사랑은 눈이 멀면 끝이 난다
귀로 듣는 사랑은 들리지 않으면 불안하여 방황하게 된다
혀끝의 달콤한 사랑은
사탕발림이 더 이상 입에 익숙지않아 쓰면
뱉어버리니 믿을 수 없다
손으로 만지는 사랑은 늙고 추하면 버려지고 마는 것

그이상 없는 사랑을 갈망하라
목숨처럼 사랑하라
그 목숨이 오직 하나인것처럼 사랑하라
오로지 사랑을 위해 모든것을 버려라

그래서 그대여 진정 행복하라

부안 내소사 · 사진 김태식

사랑에게 말을 건네다 5

달빛에 향기가 있다면
시나브로 은하수 길에 흔들다리 놓아
그대와 앉아서 향기에 취하고 싶습니다

별빛에 그리움 있다면
집앞 탱자나무 가시에 별 달아놓고
그대와 함께 마당을 거닐고 싶습니다

눈송이 휘몰아치는 날
별과 달이 이엉에 길게 눕더라도
무너지지 않는 서까래를 깎아
그대와 내 삶을 한글자 한글자 기록해두고 싶습니다

빗방울과 폭풍이 두려움을 때려도
두 손 꼭잡고 벼락처럼 사랑하리니

아, 사랑은
집앞 개울이 잠자리를 덮쳐도
꺼지지 않는 진심이라
귓전에 속삭여 주고 싶습니다

사랑에게 말을 건네다 6

길을 걷다, 문득 빗소리 따라오면
그대가 그리워 돌아봅니다

오래된 건물 처마밑으로 몸을 피하고
젖은 옷 털며 칭얼대는 바람에 등 기대고
길옆 싱그러운 여름꽃을 바라보면
한들한들 그대가 흔들립니다

빗방울이 지나간 골목길로
맑은 햇살 떠오르면
그대의 미소가 부드럽게 빛납니다

축 늘어진 오후가
샛노랗게 익어가는 나뭇잎에 그늘지고
햇살과 속삭이는 젖은 노을 밀려오면
가슴이 쿡쿡, 아려옵니다

막연히 그립고, 그립습니다
여름날 난데없는 소나기처럼
훅 쓸고가는 언덕밑 바람의 소용돌이처럼
그대 그리움은 핏발선 소나기처럼 무섭게 쏟아집니다

사랑에게 말을 건네다 7

사랑한다고 말을 하라
저 앞으로 다가올 그 어떤 두려움도 버리고
사랑한다고 말을 하라

사랑한다고 말을 하라
사랑이 알아차리도록
가슴으로 빚어진 진실의 멍울을 토해내듯
큰소리로 외쳐라

단 한순간도 흩어지지 않는
단발마의 비명처럼
사랑한다고 말을 하라
때로는 상처가 온몸을 뒤덮어도
생의 전부를 다해 사랑한다고 말을 하라
아침이슬에 글 한줄 매달고
이 여름 싱그럽게 말하라
산경에 누워가는
저 곱디고운 구름의 붓질처럼 향기롭게 말하라

사랑한다고 말을 하라
노을의 그 마지막처럼,
생의 모든 것을 쓸어담고 저편으로
기울어가는 죽음처럼 말해라

사랑한다는 말은
더이상 없는 하늘을 보는 것이리라
사랑한다는 말은
더이상 없는 전부를 다 쏟아내는 것이리라

경주 구황동 당간지주 · 사진 김태식

사랑에게 말을 건네다 8

사랑은 별이어라
사랑은 꽃이어라

사랑은 저녁무렵 깊은 강의 노을이어라
사랑은 달빛 휘감은 글 한줄에 또 휘갈긴 수채화이어라

사랑의 반절은 눈물이고 그 나머지는 그리움이어라

사랑은 솟아나는 햇살이어라
사랑은 햇살로 키운 계절이어라

때로는 빗소리고, 때로는 흰눈 가득 찍어논 발자국이고
같은 발자국에 더이상 다른 발자국을 보태지 않는 진실이어라

아, 그래서 사랑한다, 그 말 이상은 세상에 없음이어라

사랑에게 말을 건네다 9

사랑하며 살자
운명이 죽음을 쓸어가듯
생의 마지막이듯 그렇게 살자

가슴 아팠던 날은
회상에 묻고
열정의 날 심장에 두었던
사랑을 꺼내
가슴 뜨겁게 안아 보자

머리카락 희어질 때
주름살에 예쁜색 칠하고 고운옷 입혀
손잡고 꽃잎 은은히
불꽃 노을을 보자

강변의 새소리 사르르 떨려오면
햇별 하나 불러놓고
그대 눈빛이라 그대 향기라
고운 바람처럼
그렇게 사랑하며 살자

안동 병산서원 · 사진 김태식

10. 사랑, 그 오로지 한사람을 위한 잠언

원주 법천사지 · 사진 김태식

사랑가

사랑은 죽어도 사랑하는 것이다
사랑은 목숨을 걸고 하는 것이다
진심의 모든 핏덩어리로
생피를 말리는 심정으로
소망하고 갈구하는 것이다

부드럽게
그러나 단호하게 달려가는 것이다
눈과 귀가 헐어서 들리지 않을 때까지 바라보고
사랑이라는 말 이외 모든 말이 들리지 않을 때까지
맹렬한 것이 사랑이다

구시월 이때쯤

살빛 낮달이 기울어가고
패랭이꽃 늘어놓은 강변으로
사토의 뼛골을 짓이기며 바람이 휘돌아나간다
얼룩한 색실이 성황당의 팔다리를 따라서 노을에 놀다가고
늦여름과 초가을은 엉뚱한 표정으로 호기를 살핀다

땅거미 길어지고
엷은 물안개 동네 뒤통수에 달라붙어 서서히 밀려오면
하루 다 살아 게으른 햇살에 축 늘어진 벼는
소슬바람에도 연신 방아를 찧어댄다
탁탁 털어,
흙먼지 뽀얀 신작로 늙은 암소도
꼬리를 철썩거리며 새김질로 게으르다

완행버스에서 술꾼 하나
느릿느릿 내려서서 터덜터덜 청춘가를 부르는데
때마침 산바람은 부스스 일어나 화음을 맞추고
뒤란 대밭에서는 뻐꾸기 고향이 그립다, 뻐꾹, 뻐꾹……
악단이 만들어진다

소태처럼 쓰디쓴 뒤란의 소채는 다 세었다
발 벗은 달빛 어스름 내려앉고
해풍의 숨결맞은 솔잎은 싸르락 싸르락 쓸려가고
담쟁이덩굴은 진초록이 무르다 짓물러 꾸물꾸물 손뻗는데……
툇마루 밑의 강아지
점점 밀려오는 마당의 달빛을 향해 맥도 없이 짖어댄다

아, 가을인지 여름인지 이때쯤 가장 어렵다
누군가는 호각을 불어야 할 일이다

아름다움

내가 모든 글 앞에 '아름다움'을 쓰는 이유는
운명을 말하는 그대이기 때문입니다
별 하나에 사랑을 그릴 수 있는 이유도
오직 그대이기 때문입니다
차디찬 시련에도 슬프지 않은 이유 또한
그대를 그리워하기 때문입니다

어둠 속에서 빛을 보는 이유는
오로지 그대 눈동자이기 때문입니다
이 삶을 지탱하면서 비틀거리지 않고 걸어갈 수 있는 이유는
내 몸이 만신창이가 되도록
정신의 한올한올 그대만 붙들고 있기 때문입니다
오랫동안 잠들지 못하는 이유는
오로지 그대의 꿈으로 가득하기 때문입니다

사랑하고, 사랑해서, 죽음이 오더라도
기꺼운 마음으로 그대를 사랑하는 필연인 까닭입니다
후회의 날을 염려하는 것이 아니라
내 사랑이 그 후회의 마음을 지우지 못하는 안타까움인 까닭입니다

내가 아름다움을 쓰는 이유는
하루의 일상이 그대에게 전해지듯이
내 인생의 모든 기록을
그대의 일기장에 기록하는 심정으로 글을 쓰는
가슴 절절한 이유입니다
늙어 하늘의 달빛이 추레하게 빛날 때,
그대의 심장과 내 심장의 마지막을 불태워
다시금 타오르는 달빛을 염원하는 이유입니다

아름다움은 그렇게 시작되고 끝맺을 때,
아름다움은 그렇게 닻줄을 내리고
풍랑에 견디는 이유도 오로지
그대가 떠 있는 저 대항의 바다로 나아가기 위함입니다
노를 잡은 손아귀가 세월이 흘러
모든 살이 벗겨지고 백골만 남는다 해도 놓지 못함은
눈물겨운 아름다움이 오로지
그대와 이 가을에 빛나기 때문입니다

사랑하는 법

간절히 하라
숨은 듯, 은거(隱居)의 빛으로 간절히 하라
노을빛에도 놀라지 말라
한생 누구에게도 들키지 않는
그리움으로 목숨처럼 하라

간절히 하라
드러내지 않는 겸손함으로 늘 새날처럼 하라
늘 파릇한 풀빛의 순결로 하라
시련을 등에지고 고난에 박해 당한 순교자처럼
간절히, 간절히 하라

그대인 이유

그대로 있어주는 것으로도
당신은 심장 터질 것 같은 사람입니다
눈빛 그대로 바라보는 것만으로도
저는 행복한 사람입니다

무엇을 주려 하지 말고
무엇을 말하려 하지 말고
그 어떤 이유도 달지 말고
항상 내 손을 잡아주는 것만으로도
내 삶은 풍요롭습니다

떠나는 그 순간이 멀든 가깝든
당신의 숨소리 안에 있음이
진정 천상에 들었음을 느낄 때
종교보다 깊고 그 어떤 꽃보다 곱습니다

운명을 말하지 않아도 절로 탄성이 흐름은
내 살갗이 알고 있음이요
내 핏줄이 모두 진실되게 느끼고 있음입니다

사랑한다고, 사랑하는 것이 아니라
숨소리 멎을 때까지
우리가 살지 못하는 어제와 내일이 아닌
바로 이 순간에 그리워하는 까닭은
내 삶의 색인이 온마음 안 그대인 까닭입니다

기다림

그대를 기다리는 한사람이 되겠습니다

그루터기 굳게 뿌리박고 흔들리지 않는 나무처럼
똑똑하게 눈을 밝혀
그대를 기다리는 한사람이렵니다

참 예쁜꽃 입술에 색조를 덮은 유화 한장처럼
온갖 치장으로
그대 유혹하여 기다리는 한사람이렵니다

그대를 기다리는 한사람이 되겠습니다

그대가 주먹을 내밀면 나는 가위를 내
늘 져주는 한사람 되어
평생 발끝의 그림자 되어
그대 기다림 보답하는 한사람이 되렵니다

나를 부족하게 만드는 모든 권리를
그대 기다림으로 나누고
그리움을 더하면서 생을 다하여
그대를 기다리는 한사람이 되렵니다

그대를 기다리는 한 사람이 되겠습니다

촛불의 불안함으로도 온몸으로 막아서며
평화를 지키고 소망을 기원하며
그대 기다리는 한사람이 되렵니다

절명의 결결함으로 모든 증언에 다물어
사랑 한마디의 독재에도 순응하는
그대 기다리는 한사람이 되렵니다

안동 병산서원 · 사진 김태식

사랑 1

당신은 내 사랑입니다
영원함을 앞세워둔 사랑입니다
우리 사랑은 그리움이 깊을수록
더 큰 사랑으로 피어날 것입니다
눈을 감아도, 계절이 순환하는 것처럼……
숨소리가 심장을 때리는 것처럼
당신은 제 운명입니다

풀포기를 쓸어 쥐고
눈물이 내 살을 녹인다 해도
단죄의 칼날이 생을 모두 단두대에 올린다 해도
그대는 나의 숨소리, 생명 그 자체입니다

글 한줄 옮기는 순간에도
그대만 떠올리면 덜덜 떨리고
달빛이 휘영청 마당에 내려앉아도
불온한 마음이 그대 걸음으로 다가갑니다

사랑합니다
바람이라, 별이라, 봄꽃이라
모두 그대 한하는 사랑입니다

사랑합니다
생의 금빛 면류관이라, 모든 은혜로움이라, 참다움이라
모두 그대 향하는 사랑입니다

공주 공산성 · 사진 김태식

사랑 2

사랑합니다
톡톡 떨어지는 새벽이슬에 적신 순결의 모든 문장 속
생명의 살아있음을 뽑아서 인생을 쓰고
그 여백의 전부에 사랑을 그려놓은 간절함으로
그대를 사랑합니다
내 삶의 불우함을 씻는 눈물로 목소리가 이르는대로 탐욕을 버리고
순백의 흰눈처럼 오로지 사랑합니다

사랑합니다
생의 첫문을 열고 첫마디 울림으로
무망한 바람의 옷을 입은 채 광야에 서있는 경건함으로
그대만 사랑합니다

사랑합니다
영원함을 단두대에 올려놓고 영혼의 절규로 쓰러져가더라도
찌든 핏자국에 현혹되지 않는 숭고한 별빛으로
결결히 그대 눈을 밝히며 타오를 때까지 그대만 사랑합니다

사랑합니다
죽음이 억겁을 통해 윤회의 눈을 뜨지 못한다 해도
길가 풀밭의 하찮은 생명까지 쓸어담아 제 스스로 산이고 나무가 되어
오로지, 오롯이 당신만을 사랑합니다

사랑하려거든

사랑하려거든 저 꽃과 나무를 사랑하라
집 앞의 불콰해진 달빛에
노랗게 익어가는 칠월을 사랑하라

막 입술떼고 옹알이하는 벼이삭을 사랑하고
초록의 물결과 간결하게 떨어지는 밤별을 사랑하라

사랑하려거든, 순박함과 순수함을 사랑하라
몸집이 작은 바람에도 가볍게 날리는 머리카락을 사랑하라

입술선을 따라 흐르는 깊은 우울함을 사랑하고
방긋 웃는 강물에 몸을 담그는
산경의 눈빛을 사랑하라

사랑하려거든, 뜨겁게 쓸어간 외로움을 사랑하라
내 몸이 내 몸이 아닐 때까지
축 늘어진 채 본능처럼 사랑하라

사랑한다, 그 이상 없을때까지 사랑하라
살아 숨 쉬는, 살아있는 수사의 모든 결연함으로 사랑하라

그럴 수만 있다면

그럴 수만 있다면
나는 그대를 위해 한송이 꽃이 되려네
새벽, 그 미명에 피어나
그대 아침을 가벼이 흔들겠네

그럴 수만 있다면
나는 절절한 마음의 사랑을 부르리니
순교하듯 그대를 붙들고
밤하늘의 별이되어 반짝이려네

그럴 수만 있다면
영혼의 시간을 되돌려 그리움을 쓰겠네
평화로운 날을 살았던 새 한마리가 되어
그대 가슴을 날겠네

아, 인생은 늙음뒤에 돌아보는 아쉬움의 흔적들
그럴 수만 있다면 청춘의 어느 날로 되감겨
그대의 처음을 글 한줄로 옮기고
내가 아는 축복의 날로 그대를 사랑하리니

그럴 수만 있다면
작은 집의 대문안에 분꽃이 되어
그대와 같이 밤을 맞고
소슬한 바람에 곁을 내주며
그대 살결에 조용히 앉은 달빛을 기꺼이 사랑하겠네

그럴 수만 있다면
이 시간까지 살아온 삶의 전부를
그대 사랑이라 쓰고, 노래하며 죽음을 맞겠네

아, 그럴 수만 있다면
이 그리움 가득한 맹목적인 저 하늘에 대고
달빛으로 날다가 그대 잠든 창을 향해 온몸 부딪쳐 절규하고 싶네

그럴 수만 있다면, 그럴 수만 있다면
영원히 그대와 더도없는 사랑을 하며 살고 싶네

화엄사에 가고 싶다

초판 1쇄 인쇄 2017년 12월 1일
초판 1쇄 발행 2017년 12월 20일

지은이 이재호
사 진 김태식
펴낸이 이희섭
펴낸곳 ㈜씨피엔

주소 경기도 부천시 송내대로42번길 44, B1(송내동)
신고번호 제2017-000084호
대표전화 02-899-5485

ISBN 978-89-92381-04-8

값 17,000원